As revelações místicas recebem a Sanção da igreja quando se julga que correspondem à doutrina e morais Católicos. Uma Sanção é Latim para "dar que se imprima". Estas revelações estão destinadas a preencher as fendas deixadas na Bíblia devido à censura durante a fase inicial da Fé Cristã e também devido a erros de tradução. Revelam as coisas que aconteceram como aconteceram. Não se destinam a substituir a Bíblia.

O Cheio de Graça:
Os Primeiros Anos.
O Mérito.
A Paixão De José.
O Anjo Azul.
A Irmandade De Jesus.

Siga-me:
Tesouro Com 7 Nomes
Onde Há Espinhos, Também Haverá Rosas
Para O Amor Que Persevera
O Colégio Apostólico
O Decálogo

As Crónicas de Jesus & Judas Iscariotes:
Eu Vejo-O Como É
Aqueles Que Estão Marcados
Jesus Chora

Lázaro:
Que Bela Loira
Flores Do Bem

Claudia Procula:
Você Ama O Nazareno?
O Capricho Da Moralidade Da Corte

Maria de Magdala:
Ah! Meu Amado! Eu Finalmente Cheguei A Você!

Lamb Books
Adaptações Ilustradas para Toda a Família

LAMB BOOKS

Publicado por Lamb Books, 2 Dalkeith Court, 45 Vincent Street, London SW1P
4HH;
UK, USA, FR, IT, SP, PT, DE

www.lambbooks.org

Publicado pela primeira vez por Lamb Books 2013
Esta edição
001

O autor e publicador estão agradecidos ao Centro Editoriale Valtoriano em Itália
pela
Permissão de citar o Poema do Homem-Deus por Maria Valtorta, por Valtorta
Publishing

Sediado em Bookman Old Syle R
Impresso e encadernado por CPI Group (UK) Ltd, Croydon, CR0, 4YY

Siga-me

Onde Há Espinhos, &ambém Haverá Rosas

LAMBBOOKS

Agradecimentos

O material neste livro é adaptado de 'O Evangelho Como Me Foi Revelado', por Maria Valtorta, aprovado primeiramente pelo Papa Pio XII em 1948, quando numa reunião no dia 26 de Fevereiro de 1948, testemunhada por outros padres, ele ordenou três padres para "Publicar a obra conforme está".

Em 1994, o Vaticano atendeu às preces dos Cristãos de todo o mundo e começou a examinar o caso para a Canonização de Maria Valtorta (Little John).

'O Evangelho Como Me Foi Revelado' foi descrito pelo confidente do Papa Pio como "edificante". As revelações místicas há muito que foram o domínio de padres e do clero. Agora, estão acessíveis a todos. Que todos que irão ler esta adaptação, encontrem também algo edificante. Através desta luz, que a Fé seja renovada.

Agradecimentos Especiais ao Centro Editoriale Valtortiano em Itália pela permissão para citar o Poema do Homem-Deus por Maria Valtorta, cuja alcunha é Little John.

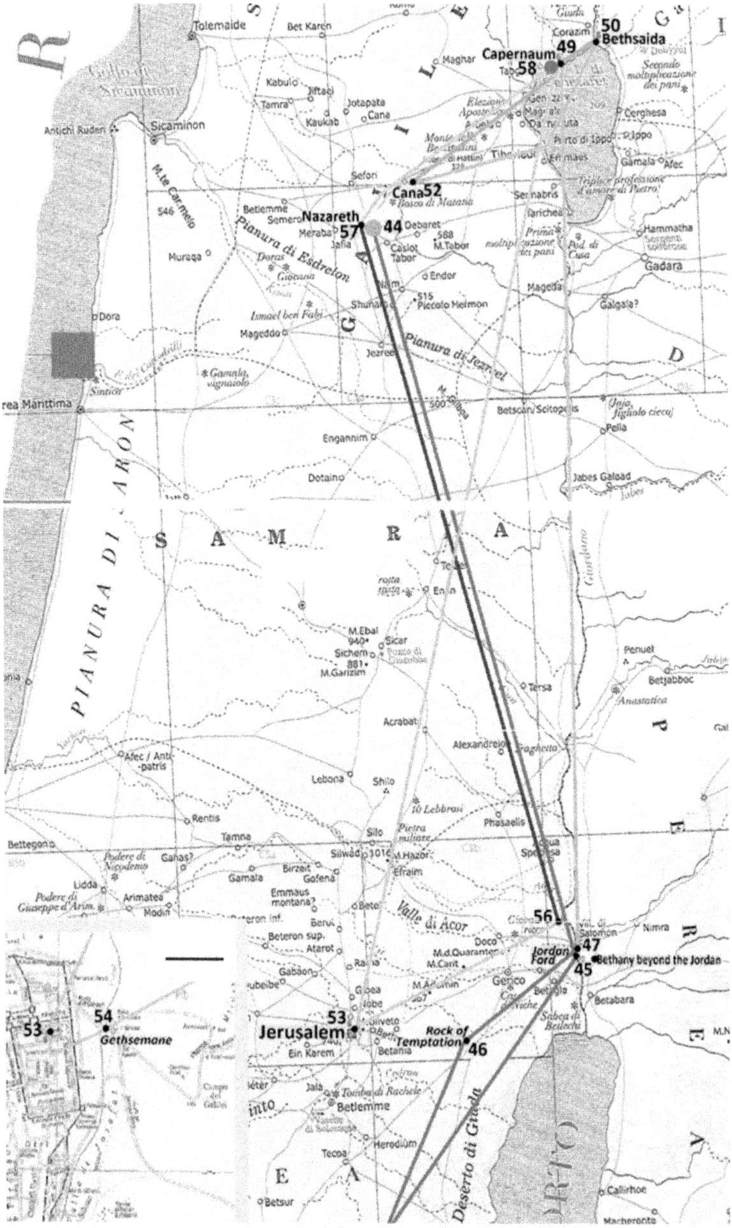

50
Bethsaida
Capernaum
49
58
Cana52
Nazareth
57
44
Tolemaide
Bet Karen
Maghar
Corazim
Kabul
Jiftael
Tamra
Jotapata
Cana
Kaukab
Sicaminon
Antichi Ruderi
M.te Carmelo
546
Sefori
Betlemme
Semero
Meraba
Jafia
Debaret
588
M.Tabor
Caslot
Tabor
Pianura di Esdrelon
Muraqa
Endor
Nain
Shunam
515
Piccolo Hermon
Dora
Ismael ben Fabi
Mageddo
Jezreel
Pianura di Jezreel
Magdala
Hammatha
Gadara
Galgala?
Cerghesa
Ippo
Gamala
Afec
Tiberiade
Emmaus
Semnabris
Tarichea
Pella
Jabes Galaad
Betscan/Scitopolis
Engannim
Dotain
Caesarea Marittima
PIANURA DI SARON
S A M A R I A
M.Ebal
940
Sicar
Sichem
881
M.Garizim
Penuel
Betjabboc
Tersa
Acrabat
Alexandreion
Afec / Antipatris
Lebona
Shilo
Rentis
Phasaelis
Tamna
Bettegon
Silo
Silwad
1016
M.Hazor
Efraim
Gamala
Birzeit
Gofena
Lidda
Arimatea
Modin
Emmaus montana?
Betel
Valle di Acor
Beteron inf.
Beteron sup.
Atarot
Gabaon
Rama
Gabaa
56
47
Jordan Ford
45
Bethany beyond the Jordan
Nimra
Doco
M.d.Quarantena
Gerico
Betabara
53
Jerusalem
Rock of Temptation
46
Ein Karem
Betania
Betlemme
Tomba di Rachele
Herodium
Tecoa
Betsur
Deserto di Giuda
Callirhoe
Macheronte
53
54
Gethsemane

Conteúdo

Jesus No Casamento Em Caná   10

Jesus Conduz Os Mercadores Para Fora Do Templo   18

Jesus Encontra Judas Iscariotes E Tomé E Cura Simão, O Zelote 27

Tomé Torna-Se Um Discípulo   38

Judas De Alfeu, Tomé E Simão São Aceites Como Discípulos No Jordão   47

Retorno A Nazaré Após A Páscoa Com Os Seis Discípulos   57

Cura De Um Homem Cego Em Cafarnaum   64

Jesus Reza À Noite   74

A Pesca Milagrosa Dos Peixes   79

O Iscariotes Encontra Jesus No Getsêmani E É Aceite Como Um Discípulo   84

Jesus Com Judas Iscariotes Encontra-Se Com Simão O Zelote E João   91

Jesus No Casamento Em Caná

O local do casamento é uma longa e baixa casa branca
na periferia de Caná situado no meio de um espaço
aberto relvado com algumas figueiras e macieiras e um
poço no seu centro. É propriedade de agricultores que
vivem no meio da sua exploração, rodeados de um campo
verde e calmo que se estende muito além . A casa está
de frente para a estrada, mas a pouca distância do que
parece ser uma estrada principal à qual está ligada por
um caminho que atravessa o chão relvado.
No rés-do-chão da casa, algumas portas baixas, não mais
do que duas de cada lado, abrem para divisões escuras e
baixas onde a família efetivamente vive, onde têm a sua
despensa e adega.

Uma escada exterior ao longo da frente sobe até à porta
do primeiro andar situado a cerca de metade do caminho
da fachada e conduz a uma sala usada para ocasiões
especiais como festas ou tarefas que exigem uma grande
quantidade de espaço como a secagem e a prensagem
de alimentos. Existem algumas janelas e portas, e um
terraço no telhado rodeado por uma parede baixa de
cerca de um metro de altura. Uma pérgola coberta de
videiras proporciona sombra e chega a até ao ensolarado
terraço, estendendo os seus ramos ao longo de mais de
metade dele.

Ainda não são nove horas da manhã na primavera. O milho nos campos ainda é jovem e verde e sem orelhas. Os prados estão cobertos de relva e o orvalho sobre a relva faz com que o campo pareça mais verde. As folhas da figueira e da macieira são verdes e ternas como o são as das vinhas. Mas não existem flores nem frutos na macieira, nem na figueira, nem nas videiras, tendo a macieira apenas recentemente lançado as suas flores e a sua pequena fruta que ainda não é visível.

Está um dia claro e ensolarado; o ar ainda está livre de poeiras e o céu está completamente azul. Há calma completa sem movimento ou som. E então duas mulheres com vestidos longos e usando mantos que cobrem também as suas cabeças como véus, surgem na estrada principal e, em seguida, voltam-se para o caminho que leva até à casa.

A mais velha das duas mulheres, com cerca de cinquenta anos de idade, usa um vestido escuro feito de lã em bruto de tom castanho acinzentado.

A mulher mais nova está vestida com um vestido amarelo pálido e um manto azul, parece ter cerca de 35 anos de idade, é de uma beleza surpreendente e esbelta e movimenta-se com muita dignidade, perfumada com muita gentileza e humildade. À medida que Ela se aproxima, o Seu rosto pálido, olhos azuis e cabelos loiros visíveis na Sua testa Identificam-na como sendo a nossa Mais Sagrada Senhora mas a mulher mais velha permanece desconhecida.

As duas mulheres estão conversando e Maria está sorrindo. Quando elas estão mais próximas da casa, alguém que, obviamente, tem estado a observar a sua chegada, informa os outros na casa e dois homens e duas mulheres, todos nas suas melhores roupas, vão ao encontro delas e dão às hóspedes que chegam a mais calorosa das boas-vindas.

Maria, que ou é parente ou amiga próxima da família do noivo e, portanto, em termos familiares com eles, é a mais calorosamente recebida e é depois acompanhada por um ancião, o senhorio, até à escada do lado de fora e até um grande salão que parece ocupar a maior, se não a totalidade do espaço no andar superior. Foi limpo de todos os objetos e em seguida decorado com ramos, esteiras e mesas com ricos pratos. Existem duas mesas dispostas para os convidados; uma no centro e outra ao longo da parede do lado direito. A mesa no centro está ricamente posta, com ânforas e pratos cheios de frutas. A que se encontra ao longo da parede do lado direito não está tão suntuosamente preparada como a mesa no centro. Existe também uma longa cómoda encostada à parede esquerda que é apresentada com pratos de queijo, bolos cobertos com mel e doces, enquanto no chão, debaixo da cómoda, há mais ânforas e também seis grandes vasos em forma de jarros de cobre.

Maria, ouve benignamente o que eles Lhe dizem e então Ela tira o seu manto e gentilmente ajuda a acabar de pôr as mesas; indo para lá e para cá separando as camas-assentos, endireitando coroas de flores, melhorando a aparência dos pratos de frutas, certificando-se que os candeeiros estão cheios de petróleo, sorrindo a todo o momento, falando muito pouco e quando o faz, numa muito baixa voz. Mas Ela escuta bastante e com muita paciência.

Um som alto de instrumentos musicais não muito harmoniosos abre caminho em direcção ao corredor a partir da estrada e com a exceção de Maria, todos se apressam a sair, liderados pelo noivo, para saudar a noiva, que entra, caminhando ao seu lado, bem vestida e feliz e rodeada de amigos e parentes.

Enquanto isso, Jesus, com uma túnica branca e
um manto azul escuro, chegou à aldeia juntamente
com João e Judas Tadeu. Quando Judas ouve o
som de instrumentos, ele questiona um homem nas
proximidades e depois fala com Jesus, que sorri e diz
"Vamos e façamos a minha mãe feliz."
E eles começam a andar pelos campos em direção à casa.
A chegada de Jesus é observado pelo mesmo vigia de
antes, que depois informa os outros. O senhorio, com seu
filho o noivo e Maria, todos descem para O conhecer e
cumprimentam-no respeitosamente bem como aos Seus
companheiros.
A maneira carinhosa e respeitosa como Jesus e Maria
se cumprimentam é particularmente comovente; não há
efusões enquanto eles trocam as palavras "A paz esteja
Contigo", cada um com um olhar e um sorriso que vale
mais que uma centena de abraços e uma centena de
beijos. Um beijo treme nos lábios de Maria mas não é
dado. Em vez disso, Ela coloca a sua pequena e branca
mão no ombro de Jesus e toca levemente um caracol do
Seu cabelo comprido; a carícia de um amante casto.

Então, caminhando junto da sua mãe, Jesus sobe a
escadaria, seguido dos seus discípulos, o senhorio
e depois o noivo. Conforme entram no salão, as mulheres
começam a azáfama, colocando assentos e pratos na
mesa do centro para os três convidados inesperados;
A vinda de Jesus tendo sido incerta e dos seus
companheiros completamente imprevista.

"Que a paz esteja nesta casa e as bênçãos de Deus
sobre todos vocês", diz Jesus na Sua voz distinta, doce e
cheia de virilidade enquanto Ele entra majestosamente
no salão, dominando todos os presentes com a Sua
influência e a Sua altura. Apesar de ser um convidado

casual, Ele parece mais o rei do banquete que o noivo ou o senhorio, independentemente de quão humilde e prestativo Ele é. Os dois discípulos também são convidados a sentar-se à mesma mesa por respeito a Jesus.

Jesus toma o seu lugar na mesa ao lado do senhorio, sentado diretamente de frente com Maria, cujo sítio é junto da noiva. As mães do jovem casal também estão sentados nesta mesa mas todas as outras mulheres estão sentadas na outra mesa junto da parede do lado direito onde fazem o ruido equivalente a uma centena de pessoas.

Jesus senta-se de costas para a parede onde a cómoda e os grandes vasos estão para que Ele não possa vê-los. Nem poderá Ele ver o mordomo a movimentar os pratos de carne assada que são trazidos para os convidados através de uma porta junto da cómoda. O jovem casal e os convidados importantes são servidos em primeiro lugar sendo depois seguidos pela mesa à direita.

O banquete começa e aos convidados não falta nem apetite nem sede, exceto Jesus e a Sua mãe, que ambos comem e bebem pouco. Maria fala muito pouco. Jesus fala um pouco mais embora de forma muito moderada, Ele não é mal-humorado nem desdenhoso no pouco que Ele diz. Ele é gentil mas não falador; Ele responde quando é questionado, responde quando alguém lhe fala, toma interesse no assunto e declara a Sua opinião mas depois Ele concentra-se nos Seus pensamentos como alguém acostumado à meditação. Ele sorri mas nunca se ri e se Ele ouve uma gracejo sem consideração, finge que não ouviu. Maria é nutrida pela contemplação do Seu Jesus, e também o é João, que está na extremidade da mesa e paira nos lábios do seu mestre.

Maria percebe que os criados estão a falar em voz baixa para o mordomo, que parece muito envergonhado e Ela entende qual é a causa da desagradável situação. "Filho" sussurra Ela em voz baixa, atraindo assim a atenção de Jesus. "Filho, eles não têm mais vinho."

"Mulher, o que há ainda entre Mim e Ti?"diz Jesus, sorrindo para ela ainda mais gentilmente, e Maria retribui o sorriso como duas pessoas conscientes de alguma verdade que é o seu alegre segredo, mas que é ignorado por todos os outros.

Nesse sorriso, Jesus diz à Sua Mãe, sem palavras: "Antes eu era Teu, só Teu. Tu deste-me ordens, e eu obedeci-te. Eu estava sujeito a Ti. Agora Eu pertenço à minha missão."

E naquela única palavra "ainda assim" Ele diz: "Tu eras tudo para Mim, Mãe, desde que eu fosse só Jesus de Maria de Nazaré, e Tu és tudo no meu espírito; mas desde que Eu me tornei o esperado Messias, eu pertenço ao Meu Pai. Aguarda um pouco e logo que a minha missão acabe, Eu serei, mais uma vez, inteiramente Teu; Tu vais ter-me mais uma vez nos Teus braços, como quando eu era uma pequena criança, e nunca mais ninguém vai lutar contigo pelo Teu filho, considerado a desgraça da humanidade, que irá lançar os Seus restos mortais para Ti, para colocar sobre Ti a vergonha de ser a mãe de um criminoso. E depois disso vais ter-me, mais uma vez, triunfante, e finalmente Tu vais ter-me para sempre quando estiveres triunfante no céu. Mas agora Eu pertenço a todos estes homens. E eu pertenço ao Pai, que Me enviou para eles."

"Façam o que Ele vos disser." diz Maria aos criados. Nos olhos sorridentes do Seu Filho, Maria leu o seu consentimento, velado pelo grande ensinamento a todos aqueles "que são chamados".

"Enchei os jarros de água", diz Jesus aos criados.

Os criados saem em direção ao poço, as polias guincham à medida que o balde pingando é baixado, puxado para cima e baixado novamente e os jarros são enchidos com água trazida do poço.

O mordomo derrama um pouco do líquido com os olhos atónitos, em seguida prova-o com gestos de ainda maior espanto, aprecia-o e depois fala com o senhorio e com o noivo.

Maria olha para o Seu Filho mais uma vez, e sorri; depois tendo recebido um sorriso Dele, Ela inclina a cabeça, corando ligeiramente. Ela está feliz.

Um murmúrio espalha-se por todo o salão, todos eles viram a cabeça em direção a Jesus e Maria, alguns levantam-se para ter uma visão melhor, alguns aproximam-se dos jarros. Em seguida, um momento de silêncio, que é imediatamente quebrado por uma explosão de louvores a Jesus.

Ele levanta-se e diz simplesmente: "Obrigado Maria" e retira-se do banquete. Os Seus discípulos seguem-no. Na soleira Ele repete: "Que a paz esteja nesta casa e as bênçãos de Deus com vocês "Adeus, Mãe."

Jesus Conduz Os Mercadores Para Fora Do Templo

Jesus entra no complexo do Templo acompanhado pelos seus seis discípulos; Pedro, André, João, Tiago, Filipe e Bartolomeu, onde já está uma grande multidão reunida no interior, tal como fora do complexo do Templo. Na verdade, olhando para baixo a partir do topo da colina sobre a qual o Templo se ergue, as ruas estreitas e sinuosas de Jerusalém fervilham com os peregrinos que chegam em bandos de todas as partes da cidade de modo que as ruas parecem uma fita multi-colorida em movimento entre as suas casas brancas e toda a cidade está totalmente transformada num brinquedo raro feito de alegres fitas coloridas que convergem na direcção das brilhantes cúpulas da Casa do Senhor.

Mas dentro do complexo, existe...um verdadeiro mercado. A serenidade do santuário foi destruído por pessoas a correr, alguns chamando, alguns contratando cordeiros, gritando e praguejando por causa dos preços exorbitantes, animais balindo enquanto são conduzidos para partições de ásperos cercos feitos de cordas e estacas erguidas por comerciantes que permaneçem na entrada para negociar com os compradores.

Existem golpes com cacetes, balidos, maldições, gritos, insultos a rapazes servos que não são rápidos a reunir ou selecionar os animais, abusos para com os compradores que regateam preços ou que se afastam de uma compra e insultos mais graves ainda para aqueles que sabiamente trouxeram os seus próprios cordeiros.

Há mais berros e gritos junto dos bancos dos cambistas onde a taxa de câmbio legal foi casualmente ignorada e em vez disso, sem que haja qualquer taxa fixa, os cambistas agora transformaram-se em tubarões de empréstimo, impondo taxas exorbitantes para elevar os seus lucros como lhes apetece e eles não brincam nas suas transacções! Quanto mais pobres as pessoas são ou de quão mais longe elas vêm, mais elas são alvos de exploração: os velhos mais do que os jovens e os que vivem para além da Palestina ainda mais do que o pobre velho.

E é evidente que este é sempre o costume, pelo menos na época da Páscoa; que o Templo se torna...uma bolsa de valores ou um mercado negro.

Um pobre ancião , um dos muitos, olha sombrio uma e outra vez para o dinheiro que pôs de parte durante um ano inteiro, com muito trabalho duro. Ele tira-o e coloca-o de volta na sua bolsa dezenas e dezenas de vezes, indo de um cambista para outro e por vezes no fim, voltando ao primeiro, que então se vinga pela sua deserção inicial, levantando a comissão. E as grandes moedas passam pesarosamente das garras do seu suspirante proprietário para as mãos apreendedoras dos tubarões que as transformam em moedas mais pequenas.

E então o pobre velho avança para outra tragédia com os comerciantes de cordeiros durante o escolha e o pagamento dos mesmos. E se, como acontece uma e outra vez, o pobre velho também é meio cego então ele é iludido com o que aparenta ser o mais miserável cordeirinho.

Um velho casal -homem e mulher- trazem de volta um pequeno e pobre cordeirinho, que foi rejeitado por aqueles que realizam os sacrifícios como sendo defeituoso. O velho casal chora e suplica ao comerciante de cordeiros, que, longe de ser tocado pela situação, responde irado com palavras grosseiras e maneiras mais rudes:

"Considerando o que você quer gastar, Galileus, o cordeiro que eu lhe dei é até demasiado bom. Vá-se embora! Ou se quiser um melhor, tem que pagar mais cinco moedas."
"Em nome de Deus! Nós somos pobres e velhos! Você vai impedir-nos de celebrar esta Páscoa, que pode ser a nossa última? Você não está satisfeito com o que queria por um pobre cordeirinho? "

"Vá-se embora, seu imundo. José, o Ancião está agora a chegar aqui. Eu aprecio o seu favor. Deus esteja consigo, José! Venha e faça a sua escolha!"
José, o Ancião, também conhecido como José de Arimatéia, passa por ali, imponente e orgulhoso, magnificamente vestido, sem mais do que um olhar de relance para os pobres idosos chorando na entrada do recinto. Ele entra no recinto, pega num magnífico cordeiro e quase choca com o velho casal quando sai com o seu gordo cordeiro balindo.

Jesus, que está agora nas proximidades, também fez a Sua compra, e Pedro, que negociou por Ele, está a puxar um belo cordeiro. Pedro gostaria de ir imediatamente onde oferecem os sacrifícios, mas Jesus vira-se para a direita, em direção ao consternado, choroso e indeciso velho casal , que é empurrado pelas multidões e insultado pelo vendedor.

Jesus, que é tão alto que a cabeça das pobres e velhas almas chegam apenas até ao Seu coração, coloca uma mão no ombro da mulher e pergunta-lhe: "Porque choras, mulher?"
A pequena e velha mulher vira-se e vê o alto, jovem e imponente homem, numa bela e nova túnica branca e um manto branco como a neve a combinar. Ela confunde-o com um médico por causa das Suas roupas e o Seu aspecto e a sua surpresa é a maior porque os médicos e sacerdotes não prestam atenção aos pobres nem os protegem contra a mesquinhez dos comerciantes. Ela explica a Jesus a razão das suas lágrimas.
"Mude este cordeiro para estes crentes. Não é digno do altar e também não é justo que você se aproveite de dois pobres velhos, apenas porque eles são fracos e desprotegidos." Diz Jesus ao vendedor de cordeiros.

"E quem é você?"

"Um homem justo."

"Pela Sua maneira de falar e dos Seus companheiros, eu sei que Você é da Galiléia. Poderá haver um homem justo na Galiléia?"

"Faça o que Eu lhe disse , e seja um homem justo você mesmo."

"Ouçam! Ouçam o Galileu a defender os seus iguais! E Ele quer ensinar-nos acerca do templo!" O homem ri e escarnece, imitando o sotaque Galileu, que é mais musical e suave do que o da Judéia.
Muitas pessoas se aproximam deles e outros comerciantes e cambistas tomam o lado do seu colega comerciante contra Jesus.

21

Entre as pessoas presentes há dois ou três rabinos irónicos. Um deles pergunta: "Você é médico?", De uma forma que tentaria mesmo a paciência de Job.

"Sim, sou."

"O que ensina?"

"Eu ensino isto: tornar a Casa de Deus numa casa de oração e não numa usura ou num mercado. Isto é o que eu ensino." Jesus é formidável. Ele parece o arcanjo no limiar do Éden e mesmo sem uma espada flamejante na mão, os feixes dos Seus olhos atingem os ímpios escarnecedores como um relâmpago. Jesus não tem nada nas Suas mãos. Tudo o que Ele tem é a Sua ira. E cheio de ira, Ele caminha rápido e solenemente entre bancos dos cambistas: Ele espalha as moedas que foram tão meticulosamente ordenadas de acordo com os seus valores, ele derruba os bancos e mesas atirando tudo para o chão com grandes ruídos barulhentos. Entre o clangor do ressalto dos metais e entre o choque com a madeira , gritos de raiva, gritos de terror e gritos de aprovação em ascenção misturavam-se. Mas Jesus não terminou ainda.

Ele agarra em algumas cordas utilizadas para segurar os bois, ovelhas e cordeiros das mãos dos moços de cavalariça e usa-os para fazer um chicote muito duro com um nó corrido que são verdadeiros flagelos. Depois Ele levanta o chicote e balança-o golpeando sem piedade com ele. Sim... sem piedade.

A tempestade imprevista atinge cabeças e costas. Os crentes movem-se para um lado admirando a cena; os culpados, perseguidos até a parede externa, desaparecem , deixando o seu dinheiro no chão e abandonando os seus animais numa grande confusão de pernas, chifres

e asas, algumas das quais, assustadas, correm e voam para longe. O fole de bois, balidos de ovelhas e o esvoaçar de rolas e pombos, acrescentam-se às gargalhadas e aos gritos dos crentes à medida que eles troçam dos tubarões do crédito que fogem e afogam até mesmo o coro lamentoso dos cordeiros a serem massacrados num outro pátio.

Sacerdotes, rabinos e Fariseus correm para o local. Jesus ainda está no meio do pátio voltando da perseguição, o chicote ainda nas Suas mãos.
"Quem é você? Como Se atreve a fazer isso, perturbando as cerimónias prescritas? De que escola é você? Nós não sabemos quem você é, nem de onde vem. "

"Eu sou Aquele que é Poderoso. Eu posso fazer tudo. Destruir este verdadeiro Templo e levantá-lo para louvar a Deus. Eu não estou a perturbar a santidade da Casa de Deus ou das cerimónias, mas tu atrapalhas, ao permitir que a Sua Casa se torne o centro de tubarões do crédito e comerciantes. A Minha escola é a escola de Deus. A mesma escola que toda a Israel teve quando Deus Eterno falou a Moisés. Você não Me conhece? Você vai conhecer-me. Você não sabe de onde eu venho? Você vai saber."
Então, ignorando os sacerdotes, Jesus volta-se para as pessoas, de pé na Sua túnica branca, com o Seu manto aberto e soprando o vento atrás das Suas costas, os Seus braços estendidos, como um orador reforçando o ponto-chave do seu discurso, ele diz: "Ouçam , Israel! Em Deuteronómio, é dito: "Você deve nomear juízes e escribas em todas as portas ... e eles devem administrar um julgamento imparcial às pessoas. Você deve ser imparcial; você não deve aceitar nenhum suborno, pois o suborno cega os olhos dos sábios e prejudica a causa dos justos. Estrita justiça deve ser o seu ideal, de modo a que possa viver em legítima posse da terra que o Senhor teu Deus te dá. ""

"Ouçam, Israel. Em Deuteronómio, é dito:'Os sacerdotes, os escribas e toda a tribo de Levi não terá qualquer ação ou herança com Israel, porque eles devem viver nos alimentos oferecidos ao Senhor e nas suas dívidas; eles não deverão ter herança no meio dos seus irmãos, porque o Senhor será a sua herança.'"
"Ouçam, Israel. Em Deuteronómio, é dito: "Você não deve emprestar por interesse ao seu irmão, seja a falta de dinheiro, comida ou qualquer outra coisa. Você pode exigir juros de um empréstimo a um estrangeiro; você vai emprestar sem juros ao seu irmão o que ele precisar ".

O Senhor disse isso. Mas agora vocês veem que em Israel os julgamentos são administrados sem justiça para os pobres. Eles não estão inclinados para a justiça, mas são parciais com os ricos, e ser pobre, ser das pessoas comuns significa ser oprimido. Como podem as pessoas dizer: "Os nossos juízes são justos" quando eles veem que só os poderosos são respeitados e satisfeitos, enquanto que os pobres não têm ninguém que os ouça? Como podem as pessoas respeitar o Senhor, quando veem que o Senhor não é respeitado por aqueles que deveriam respeitá-lo mais do que todos os outros? Será que ele que infrinje o mandamento do Senhor O respeita? Porque razão então os sacerdotes em Israel possuem propriedades e aceitam subornos de cobradores de impostos e pecadores, que lhes fazem oferendas para obter os seus favores, enquanto eles aceitam presentes para encher os seus cofres? Deus é a herança dos seus sacerdotes. Ele, o Pai de Israel, é mais do que um pai para eles e fornece-lhes comida, pois é justo. Mas não mais do que aquilo que é justo. Ele não prometeu dinheiro e bens aos Seus servos do santuário. Na vida eterna, eles vão possuir o Céu pela sua justiça, como Moisés, Elias, Jacó e Abraão, mas neste mundo eles devem ter apenas uma veste de linho e um diadema de ouro incorruptível: pureza e caridade, e os seus

25

corpos devem estar sujeitos às suas almas, que irão estar sujeitas ao verdadeiro Deus, e os seus corpos não deverão ser mestres das suas almas e contra Deus. Tem-me sido perguntado com que autoridade Eu faço isto. E com que autoridade é que eles violam a ordem de Deus e permitem na sombra das paredes sagradas a usura sobre os seus irmãos de Israel, que vieram para obedecer à ordem divina? Tem-me sido perguntado de que escola Eu venho e eu respondi: "Da escola de Deus" Sim, Israel, Eu vim e Eu levar-vos-ei de volta para essa escola sagrada e imutável.

Quem quer saber a Luz, a Verdade, o Caminho, quem quer ouvir mais uma vez a voz de Deus falando ao seu povo, deixai-os vir até Mim. Vocês seguiram Moisés pelos desertos, Israel. Sigam-me a Mim, pois Eu vos conduzirei através de um deserto muito pior, até à verdadeira Terra abençoada. Ao comando de Deus, Eu vos atrairei a ela, através de um mar aberto. Eu vos curarei de todos os males levantando o Meu Sinal.
O tempo da graça chegou. Os Profetas esperam-no e morreram esperando por isso. Os Profetas profetizaram-no e morreram nessa esperança. Os justos sonharam com isso e morreram confortados por esse sonho. Está agora aqui. Vem. "O Senhor está prestes a julgar o seu povo e ter misericórdia dos Seus servos", tal como Ele prometeu por intermédio de Moisés. '

As pessoas que se aglomeram em volta de Jesus ficam a ouvi-lo de boca aberta . Em seguida, comentam sobre as palavras do novo Rabino e fazem perguntas aos Seus companheiros. Jesus vai para outro pátio, separado do primeiro apenas por uma varanda e os Seus amigos seguem-no.

Jesus Encontra Judas Iscariotes E Tomé E Cura Simão, O Zelote

É noite durante a Páscoa e a cidade de Jerusalém está repleta de peregrinos correndo para casa. Jesus com os Seus seis discípulos, caminha em direção à casa de campo situada entre as grossas oliveiras, onde Ele é um convidado. Judas Tadeu, que queria vir a Jerusalém com Jesus, não está presente.

A partir do espaço aberto rústico em frente da casa, uma colina em socalcos coberta de oliveiras desce até uma pequena torrente de água que flui ao longo de um vale formado por duas colinas no topo de uma delas está o Templo, enquanto a outra é coberta apenas com oliveiras. Jesus tinha então começado a subir a encosta pacífica do monte das oliveiras, quando um homem idoso, possivelmente, o agricultor ou proprietário do olival se aproxima do grupo e se dirige a João, num modo familiar.

"João, há dois homens que aguardam o teu amigo."

"Onde eles estão? Quem são eles? "

"Eu não sei. Um deles é certamente da Judéia. O outro... não sei. Eu não lhe perguntei."

"Onde estão eles?"

"Na cozinha, à espera, e...e...sim...existe um outro homem que está todo coberto de chagas. Eu fi-lo ficar lá, porque tenho medo que ele possa ser um leproso. Ele diz que quer ver o profeta que falava no Templo."

Jesus, que tem estado em silêncio, diz: "Vamos até ele primeiro. Diz aos outros que venham se assim o desejarem. Eu falarei com eles lá, no olival.

"E Ele dirige-se para o local indicado pelo homem.

"E quanto a nós? O que devemos fazer?"Pergunta Pedro.

"Vem, se quiseres."

Um homem, coberto por muitas roupas, está encostado à parede rústica que apoia o terraço mais próximo do limite da propriedade. Ele deve ter ali chegado através de um caminho ao longo da torrente. Quando vê Jesus a aproximar-se dele, grita: "Volte para trás. Para trás! Tenha misericórdia de mim!" E ele desnuda o seu tronco deixando cair a túnica no chão. O seu rosto está coberto de cicatrizes, mas o seu tronco é uma grande ferida que em alguns sítios se tornaram feridas profundas, algumas das quais parecem queimaduras enquanto outras são esbranquiçadas e brilhantes, como se houvesse um fino painel branco de vidro sobre elas.

"Você é leproso? O que quer de mim?"

"Não me amaldiçoe! Não me apedreje. Foi-me dito que na outra noite Você se revelou como a voz de Deus e o Portador de Graça. Também me foi dito que deu a garantia de que ao elevar o Seu Sinal, Você curará todas as doenças. Por favor, levante-o em mim. Eu vim de sepulcros...ali...Eu rastejei como uma cobra entre os arbustos perto da torrente para chegar aqui sem ser visto. Esperei até o anoitecer antes de sair, porque na

escuridão é mais difícil de ver quem eu sou. Eu ousei ... Eu encontrei este homem, o homem da casa, ele é bom. Ele não me matou. Ele apenas disse: 'Espere aí, junto da pequena parede.' Tenha misericórdia de mim."

Jesus aproxima-se mais do leproso mas os seis discípulos juntamente com o proprietário e os dois estranhos mantêm-se muito atrás e têm um olhar enojado.

"Não se chegue mais perto. Não! Eu estou infetado! "chora o leproso, mas Jesus aproxima-se de qualquer modo. Ele olha para o leproso tão misericordiosamente, que o homem começa a chorar e de joelhos com o rosto quase a tocar o chão, ele geme: "O Seu Sinal! O Seu Sinal!"

"Vai ser levantado quando for o momento. Mas agora eu digo-te: Levanta-te. Sê curado. Eu quero que assim seja. E sê o sinal nesta cidade que me deve reconhecer. Levanta-te, Eu disse. E não peques por gratidão a Deus!" Lentamente, o homem levanta-se, parecendo emergir da longa relva florida como de uma mortalha...e está curado. Ele olha para si mesmo na última tênue luz do dia. Ele está curado. Ele grita:

"Eu estou limpo! Oh! O que devo fazer por si agora? "

"Deves cumprir a lei. Vai ter com o padre. Sê bom no futuro. Vai".

O homem está prestes a lançar-se aos pés de Jesus, mas lembra-se que ainda está impuro de acordo com a Lei, restringe-se e beija a sua própria mão em alternativa, e lança um beijo a Jesus e chora. Ele chora de alegria.

Os outros estão pasmados.

Jesus afasta-se do homem curado e fá-los sorrir. "Meus

amigos, era apenas a lepra da carne. Mas vocês vão ver a lepra cair dos corações. És tu que Me querias ?" Pergunta Ele aos dois estranhos. "Aqui estou Eu. Quem és tu?"

"Ouvimos-te na outra noite...no Templo. Procurámos por Ti na cidade. Um homem, que disse ser um parente Teu, disse-nos que Tu estaria aqui."

"Por que Me procuram ?"

"Para Te seguir, se nos permitires, porque Tu tens palavras verdadeiras. "

"Seguir-me? Mas vocês sabem para onde Eu me dirijo?"

"Não, Mestre, mas certamente para a glória."

"Sim. Mas não para a glória deste mundo. Eu estou a dirigir-me para uma glória que está no Céu e é conquistada pela virtude e sacrifício. Por que querem seguir-me? "Ele pergunta novamente.

"Para participar na Tua glória."

"De acordo com o Céu?"

"Sim, de acordo com o Céu."

"Nem todos são capazes de chegar lá porque a cobiça coloca mais armadilhas aqueles que anseiam pelo Céu do que para os restantes. E apenas aquele que tem grande força de vontade pode resistir. Porquê seguir-me, se seguir-me significaria uma luta contínua contra o inimigo, que está em nós, contra o mundo hostil, e contra o inimigo que é Satanás?

"Porque esse é o desejo das nossas almas, que foram conquistadas por Ti. Tu és santo e poderoso. Nós queremos ser Teus amigos."

"Amigos!!!"Jesus fica silencioso e suspira. Em seguida, Ele olha fixamente para aquele que tem sido o porta-voz e que agora retirou o manto-capa da sua cabeça, e está com a cabeça descoberta. "Quem és tu? Tu falas melhor do que um homem do povo."

"Eu sou Judas, filho de Simão. Eu venho de Queriote. Mas eu sou do Templo. Eu estou à espera e a sonhar com o Rei dos Judeus. Ouvi dizer que Tu falas como um rei. Eu vi os Teus gestos régios. Leva-me contigo."

"Levar-te? Agora? De uma vez? Não."

"Por que não, Mestre? '

"Porque é melhor examinar-mo-nos a nós mesmos com atenção antes de nos aventurar-mos em estradas muito íngremes.

"Tu não acreditas que eu sou sincero?

"Tu o disse-te. Eu acredito na tua impulsividade. Mas eu não acredito na tua perseverança. Pensa nisso, Judas. Eu vou-me embora agora e estarei de volta para o Pentecostes. Se estiveres no Templo, irás ver-me. Examina-te. E quem és tu?".

"Eu sou mais um que Te viu. Eu gostaria de estar contigo. Mas agora eu tenho medo."

"Não. A presunção arruina as pessoas. O medo pode ser um impedimento, mas é uma ajuda quando tem origem na humildade. Não tenhas medo. Pensa nisso, também, e quando eu voltar..."

"Mestre, tu és tão santo! Eu tenho medo de não ser digno. Nada mais. Porque Eu não tenho dúvida do meu amor..."

'Qual é o teu nome? "

"Tomé de Dídimo."

"Eu vou recordar o teu nome. Vai em paz."

Jesus dispensa-os e vai para a casa hospitaleira para cear.

Os seis discípulos com Ele querem saber muitas coisas. "Porquê, Mestre, porque os trataste de forma diferente? Porque havia uma diferença. Ambos tinham a mesma impulsividade..." Pergunta João.

"Meu amigo, também a mesma impulsividade pode ter um sabor diferente e trazer um efeito diferente. Ambos tinham certamente a mesma impulsividade. Mas eles não eram os mesmos no seu propósito. E o que parece menos perfeito é, de facto, mais perfeito, porque ele não tem incentivo para a glória humana. Ele ama-me, porque me ama."

"E eu também"

"E eu também.", "E eu", "E eu", "E eu", "E eu"

"Eu sei. Eu conheço-vos pelo que são."

"Somos, portanto, perfeitos? "

"Oh! Não! Mas, como Tomé, vocês se tornarão perfeitos se perseverarem no vosso desejo de amar. Perfeito?! Oh! Meus amigos! E quem é perfeito senão Deus?"

"Tu és!"

"Em verdade vos digo que não sou perfeito por Mim, se vocês acham que Eu sou um profeta. Nenhum homem é perfeito. Mas Eu sou perfeito porque Aquele que vos fala é a Palavra do Pai: parte de Deus. O seu pensamento que

33

se tornou Palavra. Eu tenho Perfeição em Mim mesmo. E vocês devem acreditar em Mim de que assim é, se vocês acreditam que Eu sou a o Verbo do Pai. E, no entanto, vejam, meus amigos, eu quero ser chamado de Filho do homem porque Eu me rebaixo tomando sobre Mim todas as misérias do homem, sustentá-las como o Meu primeiro andaime, e cancelá-las, depois de as suportar, sem sofrer delas Eu mesmo. Que fardo, meus amigos! Mas Eu suporto-o com alegria. É uma alegria para mim suportar isto, porque, uma vez que Eu sou o Filho da humanidade, farei da humanidade uma vez mais o filho de Deus. Como era no primeiro dia."

Os seis discípulos, Jesus e o senhorio estão sentados uniformemente numa longa e estreita mesa numa baixa, ampla e mal iluminada cozinha com paredes enfumaçadas e escuras. O divisão está mal iluminada por uma pequena lamparina a óleo sobre a mesa rústica que revela os rostos dos que se encontram sentados em torno dela e, também, dos bancos de três patas, móveis verdadeiramente campinos, em que todos eles estão sentados.

Jesus fala de forma muito delicada, gesticulando calmamente com as mãos sobre a mesa, com a Sua cabeça ligeiramente inclinada para um lado, o Seu rosto iluminado de baixo para cima. Ele sorri gentilmente, Aquele que, pouco tempo antes, foi tão majestoso um Mestre na Sua postura, é agora amigável nos seus gestos. Os Seus discípulos ouvem-no atentamente.

"Mestre...porque o Seu primo não veio, mesmo sabendo onde Você mora?"

"Meu Pedro!...Tu serás uma das Minhas pedras, a primeira. Mas nem todas as pedras podem ser facilmente usadas. Já viste os blocos de mármore do edifício Pretorio? Com trabalho duro foram arrancadas do seio da lateral da montanha, e fazem agora parte do Pretorio. Olha, ao invés para as pedras lá embaixo brilhando ao luar, na água de Cédron. Elas chegaram ao leito do rio por si mesmas, e se alguém quiser levá-las, elas não apresentaram qualquer resistência. O meu primo é como as primeiras pedras que Eu estou a falar...O seio da lateral da montanha: a sua família, eles contentam-se por ele Comigo."

"Mas eu quero ser exatamente como as pedras na torrente. Eu estou bem preparado para

Deixar tudo por Ti: casa, esposa, pesca, irmãos. Tudo, Raboni, por ti."

"Eu sei, Pedro. É por isso que Eu te amo. Também Judas virá. "

"Quem? Judas de Queriote? Eu não me importo com ele. Ele é um jovem dândi, mas...Eu prefiro...Eu pessoalmente prefiro..." todos se riram do comentário espirituoso de Pedro. "...Não há nada para rir. Eu quero dizer que prefiro um Galileu sincero, um pescador rude, mas sem qualquer fraude para...para moradores da cidade que...Não sei...aqui: o Mestre sabe o que quero dizer. "

"Sim, eu sei. Mas não julgues. Nós precisamos uns dos outros neste mundo; o bem está misturado com o ímpio, assim como flores num campo. A cicuta cresce ao lado da salutar malva."

"Eu gostaria de perguntar uma coisa..."

"O quê, André?"

"O João contou-me acerca do milagre que Tu fizeste em Cana ... Nós estávamos tão esperançosos que fizesses um em Cafarnaum ... e Tu disseste que não farias nenhum milagre antes de cumprir a lei. Porquê Cana, então? E porquê aqui, e não na Tua própria pátria? "

"Obedecer à Lei é estar unido a Deus e isso aumenta as nossas capacidades. Um milagre é a prova da união com Deus, bem como da presença benevolente e assentinda de Deus. Foi por isso que quis realizar o Meu dever enquanto Israelita, antes de iniciar a série de milagres."

"Mas Tu não eras obrigado a cumprir a lei."

Porquê? Como Filho de Deus, não era. Mas como filho da Lei, sim, era. Por enquanto, Israel conhece-me apenas enquanto tal...e, mesmo mais tarde, quase todos em Israel me conhecerão como tal, ou melhor, até menos. Mas Eu não quero escandalizar Israel e, portanto, obedeço à Lei."

"Tu és santo. "

"Santidade não impede obediência. Ou melhor faz a obediência perfeita. Além de tudo o resto, é um bom exemplo a ser dado. O que dirias de um pai, de um irmão mais velho, de um professor, de um sacerdote que não dão bons exemplos? "

"E que dizes sobre Caná?"

"Caná foi para fazer a Minha Mãe feliz. Caná é o avanço devido à Minha Mãe. Ela antecipa Graça. Aqui eu homenageio a Cidade Santa, fazendo-a, em público, o ponto de partida do Meu poder como Messias. Mas lá, em Caná, prestei homenagem à Santa Mãe de Deus, Cheia de Graça. O mundo recebeu-me através Dela. É apenas justo que o Meu primeiro milagre no mundo seja para Ela."

Alguém bate à porta, em seguida, Tomé regressando, entra e atira-se aos pés de Jesus.

"Mestre...Eu não posso esperar até que Tu voltes. Deixa-me ir contigo. Estou cheio de falhas, mas tenho o meu amor, o meu único grande tesouro. É Teu, é para Ti. Deixa-me ir, Mestre..."

Jesus coloca a mão na cabeça de Tomé. "Tu podes ficar, Dídimo. Segue-me. Bem-aventurados aqueles que são sinceros e persistentes na sua vontade. Vocês são abençoados. Vocês são mais do que parentes para Mim, porque vocês são Meus filhos e Meus irmãos, não de acordo com o sangue que morre, mas de acordo com a vontade de Deus e com os vossos desejos espirituais. Agora eu vos digo que não tenho parentes mais próximos que aqueles que fazem a vontade do meu Pai, e vocês fazem-no porque querem o que é bom."

Tomé Torna-Se Um Discípulo

"Levanta-te, meu amigo. Já tomaste a ceia ?", Diz Jesus a Tomé, movendo a Sua mão da cabeça de Tomé para o seu ombro.

"Não, Mestre. Caminhei alguns metros com o outro companheiro que estava comigo e depois deixei-o e voltei dizendo que queria falar com o leproso curado...Eu disse isso porque pensei que ele iria desdenhar aproximar-se de um homem impuro. Eu tinha razão. Mas eu queria ver-te a Ti, não o leproso...eu queria dizer-te: "Por favor, leva-me"...Andei para cima e para baixo no olival até que um jovem me perguntou o que eu estava a fazer. Ele deve ter pensado que eu estava mal disposto. Ele estava perto de um pilar, na fronteira do olival."

"É o meu filho...", explica o senhorio, sorrindo "...Ele está de guarda ao lagar de azeite. Nas cavernas sob o moinho, ainda temos quase toda a colheita do ano. Foi um ano muito bom e fizemos uma grande quantidade de azeite. E quando há grandes multidões em redor, os ladrões sempre se juntam para saquear lugares desprotegidos. Há oito anos atrás, aqui perto, em Parasceve, eles roubaram-nos tudo. Desde essa altura que mantemos uma boa vigía uma noite cada um. A sua mãe saiu para lhe levar a sua ceia."

"Bem, perguntou-me ele:'O que tu queres?', E ele falou em tal tom que para salvaguardar as minhas costas do seu pau, eu respondi imediatamente:'Eu procuro o Mestre que vive aqui'. Então ele respondeu: 'Se o que dizes é verdade, vem a esta casa'. E ele trouxe-me aqui. Foi ele quem bateu à porta e ele não se foi embora até que ouviu as minhas primeiras palavras."

"Tu moras longe?"
"Eu moro do outro lado da cidade, perto do Portão Oriental."

39

"Estás sozinho?"

"Eu estava com alguns familiares. Mas eles foram embora para ficar com outros familiares no caminho para Belém. Eu permaneci aqui para olhar por Ti dia e noite, até que Te encontrei."Jesus sorri e diz: "Então, ninguém está à tua espera?"

"Não, Mestre."

"É um longo caminho, é uma noite escura, as patrulhas Romanas estão sobre a cidade. Eu digo: fica connosco se quiseres."

"Oh! Mestre!"Exala Tomé, feliz.

"Abram espaço para ele. E cada um de nós dará algo ao nosso irmão."Jesus dá-lhe a porção de queijo que tinha à Sua frente e explica a Tomé: "Nós somos pobres e a nossa ceia está quase no fim. Mas há tanto coração em que se oferece." E Ele diz a João que está sentado ao lado dele: "Dá o teu assento ao nosso amigo."

João levanta-se imediatamente e senta-se na ponta da mesa, perto do senhorio.
"Senta-te, Tomé, e come." E então ele diz a todos:
"Vocês irão sempre comportar-se assim, meus amigos, de acordo com a lei da caridade. Um peregrino já está protegido pela lei de Deus. Mas agora, em Meu nome, vocês devem amá-lo ainda mais. Quando alguém vos pedir um pouco de pão, um pingo de água ou um abrigo, em nome de Deus, vocês devem dar-lho pelo mesmo nome. E vocês receberão a vossa recompensa de Deus. Vocês devem comportar-se assim com toda a gente. Até com os vossos inimigos. E esta é a nova Lei. Até agora, foi-vos dito:'Amem aqueles que vos amam e odeiem os vossos inimigos.'Eu digo:'Amem também os que vos odeiam.'Oh! se vocês apenas soubessem o quanto serão

40

amados por Deus, se amardes como vos digo! E quando alguém diz:'Eu quero ser o teu companheiro servindo o verdadeiro Senhor Deus e seguindo o Seu Cordeiro', então ele deve ser mais querido por vocês do que um irmão de sangue, porque vocês serão unidos por um vínculo eterno: o vínculo de Cristo."

"Mas se alguém vier que não é sincero? É fácil dizer:'Eu quero fazer isto ou aquilo', mas as palavras nem sempre correspondem à verdade", diz Pedro, um tanto irritado e claramente não estando no seu estado de espírito jovial do costume.

"Pedro, ouve. O que dizes é sensato e justo. Mas, repara: é melhor exceder em generosidade e confiança, em vez de exceder em desconfiança e dureza. Se ajudares uma pessoa não merecedora, que mal te sucederá? Nenhum. Mais que isso, a recompensa de Deus estará sempre ativa para ti, enquanto que a pessoa vai ser culpada de trair a tua confiança."

"Nenhum mal? Ah! Muitas vezes uma pessoa sem valor não está satisfeita com a ingratidão, mas vai muito mais longe, mesmo ao extremo de arruinar a própria reputação, riqueza e a própria vida."
"Verdade. Mas iria isso diminuir o teu mérito? Não, não o faria. Mesmo que o mundo inteiro acreditasse na calúnia, mesmo que te tornasses mais pobre do que Jó, mesmo que a pessoa cruel levasse a tua vida, o que mudaria aos olhos de Deus?

Nada. Não, alguma coisa iria mudar, mas a teu favor, porque Deus iria acrescentar os méritos do teu martírio intelectual, financeiro e físico aos méritos da tua graça."

"Muito bem! Talvez assim seja."Concorda Pedro e, ainda de mau humor, descansa a sua cabeça na sua mão. Jesus dirige-se a Tomé: "Meu amigo, anteriormente, no olival, eu disse-te :'Quando Eu voltar aqui, se ainda estiveres disposto, serás um dos meus discípulos'Agora digo-te: 'Estás disposto a fazer um favor a Jesus?'"

"Com toda a certeza."

"E se esse favor te custasse algum sacrifício?"

"Não há nenhum sacrifício em servir-te. O que desejas?"

"Eu queria dizer...mas podes ter algumas questões, alguns afetos..."

"Nenhum, nenhum! Eu tenho-te a Ti! Diz-me."
"Ouve. Amanhã de madrugada, o leproso vai deixar os sepulcros para encontrar alguém que informe o padre. Tu serás o primeiro a ir aos sepulcros. É caridade. E irás gritar:'Sai, tu, aquele que foi purificado ontem. Eu fui enviado por Jesus de Nazaré, o Messias de Israel, Aquele que te purificou.'Deixa o mundo dos "mortos-vivos" saber o meu nome, deixa-os palpitar com esperança, e que aqueles venham a Mim, que terão fé além de esperança, que eu possa curá-los. É a primeira forma de pureza que Eu trago, a primeira forma da ressurreição, da qual eu sou o senhor. Um dia Eu vou conceder uma maior pureza ... Um dia, os túmulos selados vão expulsar violentamente aqueles que estão realmente mortos, e eles vão aparecer e rir com as suas órbitas oculares vazias, com as suas mandíbulas nuas, por causa da alegria das almas libertas do Limbo, uma alegria remota e contudo percebida até mesmo por esqueletos. Eles irão aparentar rir-se por causa desta libertação e palpitar sabendo que é devido a...Vai! Ele virá até ti. Tu vais fazer o que ele te pedir para fazer; assisti-lo em tudo, como se ele fosse o teu irmão, e também dizer-lhe:'Quando estiveres completamente purificado, iremos juntos ao longo do caminho do rio, para lá de Doco e Efraim. Jesus, o Mestre, estará à nossa espera para nos dizer em que teremos de servi-lo.'"
"Eu farei isso. E quanto ao outro?"

"Quem? O Iscariotes?"

"Sim, Mestre."

"O conselho que eu lhe dei ainda se mantém. Deixa-o decidir por ele mesmo e deixa-o demorar muito tempo. Mais que isso, evita vê-lo. Eu estarei com o leproso. Apenas os leprosos vagueiam no vale das sepulturas e aqueles que por pena estão em contacto com eles."

Pedro murmura algo. Jesus ouve-o. "O que se passa contigo, Pedro? Ora resmungas ora te manténs em silêncio. Pareces não estar satisfeito. Porquê?"

"Eu estou insatisfeito. Nós fomos os primeiros e Tu não operaste um milagre para nós. Nós fomos os primeiros e Tu deixaste um estranho sentar-se ao Teu lado. Nós fomos os primeiros e Tu confias a ele, não a nós, uma tarefa. Nós fomos os primeiros e...ainda assim, sim, parece que somos os últimos. Porque é que vais esperar por eles no caminho perto do rio? Certamente para lhe confiar alguma missão. Porquê eles e não nós?"

Jesus olha para Pedro e sorri para ele como sorri para uma criança. Ele levanta-se, caminha lentamente em direção a Pedro e, sorrindo, diz-lhe: "Pedro! Pedro! Tu és um bebé grande e velho!" Depois, voltando-se para André, que estava ao lado do seu irmão, Jesus diz: "Vai e toma o Meu assento. Então Jesus senta-se ao lado de Pedro, apertando os ombros de Pedro com o seu braço e encostando-o contra o seu próprio ombro, Ele diz: "Pedro, tu achas que Eu estou a ser injusto, mas não estou. Pelo contrário, é uma prova de que eu sei o que tu vales. Olha. Quem precisa de provas? Aquele que ainda não está certo. Eu sabia que tu estavas tão certo acerca de mim, que eu não senti nenhuma necessidade de dar-te provas do Meu poder. As provas são necessárias aqui em Jerusalém, onde as almas foram

julgadas pelos vícios, irreligiosidade, política e muitas
coisas mundanas, de tal forma que eles não conseguem
mais ver a luz a passar. Mas lá em cima, no nosso belo
lago, tão claro sob um céu limpo, entre pessoas honestas
e de boa fé, nenhuma prova é necessária. Tu terás
milagres. Eu derramarei torrentes de graças sobre ti.
Mas considera como Eu te valorizei , Eu peguei em ti sem
qualquer prova exigente e sem achar que fosse necessário
dar-te alguma, porque eu sei quem tu és. Tu és querido
para Mim, tão querido e tão fiel."
Pedro anima-se: "Perdoa-me, Jesus."

"Sim, eu perdoo-te porque o teu amuo é um sinal de
amor. Mas não fiques invejoso daqui em diante, Simão
de Jonas. Tu sabes o que é o coração do teu Jesus ? Já
alguma vez viste o mar, o mar verdadeiro? Já? Bem, o
Meu coração é maior do que o imenso mar! E há espaço
para todos. Para toda a humanidade. E a mais pequena
pessoa tem um lugar exatamente como a maior. E um
pecador encontra o amor assim como um inocente. Eu
estou a confiar a estes uma missão. Certamente. Queres
proibir-me? Eu escolhi-te a ti. Vós não vos escolhestes
a vós próprios. Eu sou portanto livre para decidir como
quero empregar-vos. E se Eu os deixar aqui com uma
missão - o que pode muito bem ser um teste, uma vez
que o lapso de tempo concedido a Iscariotes pode ser
devido à misericórdia - podem vocês censurar-me? Como
é que sabem que eu não estou a guardar uma missão
maior para vocês? E não é a missão mais agradável de
ser dita:'Tu virás comigo?'"
"É verdade. Eu sou um imbecil! Perdoa-me ... '

"Sim. Eu perdoo tudo. Oh! Pedro!...Mas Eu peço-vos a
todos que nunca discutam méritos e posições. Eu poderia
ter nascido um rei. Eu nasci pobre, num estábulo. Eu
poderia ter sido rico. Eu vivi com o Meu trabalho e agora
vivo de caridade. E, no entanto, acreditem em Mim, meus

amigos, não há ninguém maior do que Eu aos olhos de Deus. Maior do que Eu sou, quem está aqui: o servo do homem."

"Tu um servo? Nunca!"

"Porque não, Pedro?"

"Porque eu vou servir-te."

"Mesmo que tu Me sirvas como uma mãe serve o seu filho, eu vim para servir o homem. Eu serei um Salvador para ele. Que serviço existe assim?"

"Oh! Mestre! Tu explicas tudo. E o que parecia escuro fica claro imediatamente!"
"Estás feliz agora, Pedro? Agora deixa-me terminar de falar com Tomé. Tens a certeza que vais reconhecer o leproso? Ele é o único curado; mas ele pode já ter ido embora pela luz das estrelas, para encontrar um viandante cedo. E alguém, ansioso para entrar na cidade e ver os seus parentes, talvez possa tomar o seu lugar. Ouve a sua descrição. Eu estava perto dele e vi-o bem no crepúsculo. Ele é alto e magro. De pele escura, como uma raça cruzada, com os olhos muito profundos e escuros com sobrancelhas brancas como a neve, cabelos tão branco como linho e um pouco encaracolados, e um nariz longo e esnobado como os Líbios, dois grossos lábios salientes especialmente o inferior. Ele é de cor tão verde-azeitona que os seus lábios são quase de cor violeta. Ele tem uma cicatriz antiga na testa e ela será a única mancha, agora que foi purificado de crostas e sujeira."

"Ele deve ser velho, se for todo branco."
'Não, Filipe ele parece velho, mas não é. A lepra tornou-o branco."

"O que é ele? Uma raça cruzada?"

"Talvez, Pedro. Ele assemelha-se ao povo Africano."

"Será que ele é Israelita, então?"

"Nós vamos descobrir. Mas suponhamos que não é?"

"Ah! Se ele não fosse, iria embora. Ele já teve sorte por merecer ser curado."

"Não, Pedro. Mesmo que ele seja um idólatra, Eu não vou mandá-lo embora. Jesus veio para todos. E Eu solenemente vos digo que as pessoas que vivem na escuridão irão superar os filhos do povo da Luz..."

Jesus suspira, levanta-se e agradece ao Pai com um hino e abençoa toda a gente.

Judas De Alfeu, Tomé E Simão São Aceites Como Discípulos No Jordão

Estamos mais uma vez nas belas margens do rio Jordão, que ressoam com a solene paz verde-azul das suas águas que fluem gentilmente e ramos frondosos como uma doce melodia. O fluxo de água é tão suave que apenas o farfalhar das moitas de junco ao longo do leito de cascalho, a ascensão e queda das longas folhas, semelhantes a fitas, das canas mergulhando e sendo embaladas na água e também as carícias graciosas que penteiam a folhagem verde, fina e flexível de um grupo de salgueiros, esticando-os suavemente sobre a superfície da água.

A paz e tranquilidade desta madrugada é interrompida apenas pelo gorjeio dos pássaros e o farfalhar das folhas e água. Gotas de orvalho brilham sobre a relva verde e alta entre as árvores, relva que cresceu recentemente após as recentes e nutritivas chuvas da primavera.

Numa caminho militar Romano bem conservado que percorre várias regiões da capital, separado do rio Jordão por uma floresta que serve para consolidar as margens do rio e conter a água em épocas de cheias. A floresta também continua do outro lado da estrada, de modo que parece um túnel com um telhado de ramos frondosos entrelaçados que dão uma bem-vinda proteção aos viajantes a pé, no quente clima.

A certa altura junto ao rio, forma uma grande curva, seguida também pela estrada pelo que o aterro de folhas parece uma enorme barreira verde que inclui uma bacia de águas ainda mais calmas, dando-lhe a aparência de um lago num parque de luxo.

No meio da curva, três viajantes a pé, Tomé, Judas Tadeu e o leproso curado, Simão, em pé, à espera. Eles olham ansiosamente para norte em direção a Samaria e, em seguida, para baixo para o sul, em direção a Jerusalém. E então eles olham ansiosamente, expectantes por entre as árvores e falam entre si.

"Consegues ver alguma coisa?"

"Não, não consigo."

"Nem eu"

"E, no entanto é este o lugar."

"Tens a certeza?"
"Tenho a certeza, Simão. Um dos seis disse-me, quando o Mestre estava a ir embora no meio das aclamações da multidão, depois da cura milagrosa de um mendigo aleijado no Portão dos Peixes:'Vamos agora embora de Jerusalém. Esperem por nós, cinco milhas entre Jericó e Doco, na curva do rio, ao longo da estrada na floresta.'Este. Ele também disse:'Nós estaremos lá dentro de três dias ao amanhecer.'Este é o terceiro dia, e nós estávamos aqui antes do amanhecer."

"Será que Ele vem? Talvez devêssemos tê-lo seguido desde Jerusalém. '

"Ainda não te era permitido misturares-te com a multidão, Simão. '

"Se o meu primo te disse para vires aqui, Ele certamente virá aqui. Ele cumpre sempre as sua promessa. Tudo o que podemos fazer é esperar. "

"Tu estiveste sempre com Ele? '

"Sim, sempre. Desde que Ele voltou para Nazaré, Ele era o meu bom companheiro. Estávamos sempre juntos. Somos aproximadamente da mesma idade, eu sou um pouco mais velho. E eu era o favorito do Seu pai, que era irmão do meu pai. Além disso a sua Mãe gostava muito de mim. Eu cresci mais com ela do que com a minha própria mãe."

"Ela era carinhosa...Ela já não gosta tanto de ti agora?"

"Oh! Sim, gosta. Mas nós separámo-nos um pouco desde que Ele se tornou um profeta. Os meus parentes não estão contentes com isso."

"Que familiares?

"O meu pai e os dois irmãos mais velhos. O outro está indeciso...O meu pai é muito velho e eu não tive a coragem de o magoar. Mas agora...Agora, não é mais assim. Agora eu vou para onde o meu coração e a minha mente me dizem. Eu vou para Jesus. Eu não acho que esteja a ofender a lei ao fazê-lo. Em todo o caso...se o que eu quero fazer não é correto, Jesus dir-me-á. Farei o que Ele diz. É correto que um pai impeça um filho de fazer o bem? Se eu sentir que a minha salvação está ali, porquê impedir-me de chegar lá? Porque razão, por vezes, os nossos pais são nossos inimigos?"

Simão suspira, como alguém oprimido por tristes lembranças, e baixa a cabeça, mas não fala.
"Eu já ultrapassei o obstáculo...", diz Tomé. "...O meu pai ouviu-me e entendeu-me. Ele abençoou-me e disse: "Vai. Que esta Páscoa seja para ti a libertação da escravidão da espera. Tu és afortunado, porque consegues acreditar.

Eu vou esperar. Mas se for realmente "Ele", e tu vais descobrir isso ao segui-lo, então vem e diz ao teu velho pai: 'Vem, Israel tem O Esperado'."

"Tu és mais sortudo que eu. E nós sempre vivemos ao lado dele! E nós, na família, não acreditamos...Nós dizemos, ou seja: eles dizem:'Ele enlouqueceu!'"

"Ali, ali está um grupo de pessoas"grita Simão. "É Ele, é Ele! Reconheço a Sua cabeça justa! Oh! Vem! Vamos correr!" Eles começam a andar rapidamente em direção ao sul. Ao chegarem ao centro da curva, as árvores cobrem o restante da estrada, de modo que os dois grupos se encontram, de frente um para o outro de forma inesperada. Jesus parece estar a vir do rio, porque Ele está entre as árvores no banco.

"Mestre!" "Jesus!""Meu Senhor!"

Os três gritos dos discípulos, o primo e o leproso curado estão cheios de alegria e de veneração.

"Paz para vocês!" Vem a bela, inconfundível, cheia de ressonância, calma, expressiva, clara, viril, doce e incisiva voz do Mestre! "Também tu, Judas, Meu primo, estás aqui?"

Eles abraçam-se. Judas está a chorar.

"Porque choras?"

"Oh! Jesus! Eu quero ficar contigo!"

"Eu tenho estado à Tua espera o tempo todo. Porque não vieste?"Judas baixa a sua cabeça e fica em silêncio.

"Eles não te deixaram! E agora?"

"Jesus, eu...eu não posso obedecer-lhes. Eu quero obedecer somente a Ti."

51

"Mas eu não te dei nenhuma ordem."
"Não, não deste. Mas é a Tua missão que a dá! É Ele, Aquele que Te enviou, quem está a falar aqui, no meu coração, e me diz: "Vai até Ele". É ela, que Te deu à luz , minha querida professora, que com o Seu olhar suave, tão suave como o de uma pomba me diz sem dizer uma palavra: "Sê de Jesus." Posso eu ignorar aquela voz celestial que perfura o meu coração? Posso ignorar as orações de uma Mulher tão Santa, que me implora para o meu próprio bem? Só porque eu sou Teu primo do lado de José, será que não devo reconhecer-te pelo que Tu és, enquanto que Batista Te reconheceu, embora nunca Te tenha visto, aqui, nas margens deste rio e ele cumprimentou-te como o "Cordeiro de Deus"? E eu, não deveria eu ser capaz de qualquer coisa, embora tenha sido educado contigo, e eu era bom porque te segui, e me tornei um filho da Lei através da Tua Mãe, com quem aprendi não só os seiscentos e treze preceitos dos rabinos, além das Escrituras e as orações, mas também a essência de todos eles?"

"E o Teu pai?"
"O Meu pai? Ele não carece de pão e assistência, e então...tu dás-me o exemplo. Já deves ter pensado no bem-estar das pessoas, ao invés da pequena vantagem de Maria. E Ela está sozinha. Diz-me, Mestre, não é correto um filho dizer ao seu pai, sem faltar ao respeito:'Pai, eu amo-te. Mas Deus está acima de ti e eu vou segui-lo'?"

"Judas, Meu primo e Meu amigo, eu digo-te: Tu fizeste bons progressos no caminho para a Luz. Vem. É lícito falar assim para um pai, quando é Deus quem chama. Não há nada acima de Deus. Além disso as leis do relacionamento cessam, ou seja, elas são elevadas a uma dignidade, porque com as nossas lágrimas, nós damos aos nossos pais e mães uma maior ajuda e para algo que dura para sempre, e não apenas para o curto espaço de

tempo neste mundo. Nós puxamo-los connosco para o céu, ao sacrificar os nossos afetos, para Deus. Então, Judas, fica aqui. Tenho estado à tua espera e estou feliz de te ter, o amigo da minha vida em Nazaré."
Judas é tocado.

Jesus dirige-se a Tomé: "Tu obedeceste fielmente. Essa é a primeira virtude de um discípulo."

"Eu vim porque quero ser-te fiel."

"E serás. Digo-to eu. E tu, que te escondes timidamente na sombra, vem cá. Não tenha medo."

"Meu Senhor!" E Simão lança-se aos pés de Jesus.

"Levanta-te. O teu nome?"

"Simão."

"A tua família?"

"O meu Senhor...era poderoso...era poderoso também... Mas tinha um ódio sectário amargo ... e erros da juventude danificaram o seu poder. O meu pai...Oh! Devo falar mal dele, que me causou tantas lágrimas terrenas! Tu vês, Tu vês o presente que ele me deu."

"Ele era leproso?"
"Não. Nem eu. Mas ele sofria de uma outra doença que nós em Israel associamos a várias formas de hanseníase. Ele...a sua casta era então triunfante; ele viveu e morreu como um homem poderoso, em casa. Eu...se Tu não me tivesses salvo, eu teria morrido no vale dos sepulcros."

"Estás sozinho?"

"Sim, estou. Eu tenho um fiel servo que toma conta das propriedades que restam. Eu avisei-o."

"E a tua mãe?"

"Ela...está morta."E Simão parece envergonhado.

Jesus olha para ele com atenção. "Simão, tu perguntaste-me:'O que devo fazer por ti?'Agora eu digo-te:'Segue-me.'"
"Assim farei, imediatamente, meu Senhor...Mas...
Mas eu...Deixa-me dizer-te uma coisa. Eu sou, eu era chamado de "Zealot" por causa da casta, e "Cananeu", por causa da minha mãe. Repara. Eu sou de tez escura. Nas minhas veias está o sangue de uma mulher escrava. O meu pai não teve filhos da sua esposa, e tomou-me a mim por uma escrava. A mulher dele era uma boa mulher educou-me como seu próprio filho e cuidou de mim na minha interminável doença até que morreu..."

"Não existem escravos ou homens livres aos olhos de Deus. Há apenas uma escravidão aos seus olhos: o pecado. E eu vim para aboli-lo. Eu estou a chamar toda a gente porque o Reino é para todos os homens. Tu és um homem culto?"
"Sim, sou. Eu também tive a minha posição entre as pessoas importantes, desde que a minha doença estivesse escondida debaixo da roupa. Mas quando se espalhou para o meu rosto ...os meus inimigos então não podiam acreditar que foram finalmente capazes de me confinar entre os "mortos", embora um médico Romano de Cesaréia, quando o consultei , me tenha dito que a minha não era verdadeira lepra, mas serpigo hereditário *, que eu espalharia apenas por procriação. É possível para mim, não amaldiçoar o meu pai?"

* micose

"Não deves amaldiçoá-lo. Ele causou-te todo tipo de problemas..."

"Sim, causou! Ele era um esbanjador, um homem cruel, impiedoso, perverso e sem amor. Ele privou-me da minha saúde, ele negou-me amor e paz, ele marcou-me com um nome vergonhoso e com uma doença que é uma marca da infâmia... Ele queria tudo para si próprio, até o futuro do seu filho. Ele privou-me de tudo, também da alegria de ser pai."
"É por isso que eu te digo: "Segue-me". Como Meu seguidor vais encontrar pai e filhos. Olha para cima, Simão. Ali, o Verdadeiro Pai está a sorrir para ti. Olha para o grande mundo , para os continentes, para os países: existem crianças e crianças em toda parte; crianças das almas para os sem filhos. Eles estão à tua espera, e muitos como tu estão também à espera. Não há crianças abandonadas sob o Meu sinal. Não há solidão, nenhuma diferença no Meu Sinal. É um sinal de amor, e dá amor. Vem, meu Simão sem filhos. Vem, Judas, que estás a perder o teu pai por minha causa. Eu me junto a vocês no mesmo destino."
Eles estão ambos ao lado Dele e Ele está a manter as Suas mãos nos ombros deles, como se estivesse a tomar posse deles e a impor um jugo comum sobre eles. "E eu vos uno..."Diz Ele "...Mas agora vou separar-vos. Simão, tu vais ficar aqui com Tomé. Tu vais preparar com ele o caminho para o Meu retorno: Eu estarei de volta em breve, e quero que as pessoas estejam à Minha espera. Diz às pessoas doentes que Aquele que pode curar as suas doenças, está prestes a vir aqui: tu podes certamente dizer-lhes isso. Diz àqueles que estão à espera, que o Messias está entre o Seu povo. Diz aos pecadores que Aquele que perdoa veio para dar-lhes força par sea elevarem..."

"Seremos nós capazes de fazer isso?"
"Sim, serão. Tudo que vocês têm de dizer é: "Ele veio. Ele chama-te. Ele está à tua espera. Ele veio para vos conceder graças. Venham aqui para vê-lo", e a estas

palavras, adiciona um relatório do que sabes. E tu, Judas, Meu primo, vem comigo e com estes. Mas vais ficar em Nazaré."

"Porquê, Jesus?"

"Porque tu deves preparar o Meu caminho na Minha pátria. Achas que é uma missão pequena? Posso dizer-te que não há uma mais difícil..."Jesus suspira.

"E terei eu sucesso?"

"Sim e não. Mas será suficiente para ser justificado."

"Justificado de quê? E com quem?"
"Com Deus. Com a tua pátria. Com a tua família. Eles não serão capazes de nos censurar, porque nós oferecemos coisas boas: e se a pátria e a família desprezar a nossa oferta, nós não devemos ser responsabilizado pela sua perda."

"E quanto a nós?"

"Tu, Pedro? Tu vais voltar para as tuas redes de pesca."

"Porquê?"

"Porque Eu vou ensinar-te lentamente e vou levar-te comigo, quando eu achar que estás pronto."

"Mas nós vamos ver-te, então?"

"Certamente. Eu, virei muitas vezes para vos ver, ou mandarei alguém quando estiver em Cafarnaum. Agora, vamos dizer adeus, Meus amigos e vamo-nos. Eu vos abençôo, os que ficam aqui. Que a Minha paz esteja com vocês."

Retorno A Nazaré Após A Páscoa Com Os Seis Discípulos

Jesus está a caminho de casa para Nazaré acompanhado pelo Seu primo, Judas Tadeu e também os Seus seis discípulos. Do alto da colina onde estão, eles podem ver a aldeia branca entre o verde das árvores, com as suas casas espalhadas em cima e em baixo das encostas docemente ondulantes que declinam suavemente em alguns lugares e são mais acentuadas noutros.

"Aqui estamos nós, Meus amigos. Aquela é a minha casa. A Minha Mãe está em casa porque há fumo a sair da casa. Talvez Ela esteja a cozer. Eu não vou pedir-vos que fiquem Comigo, porque imagino que estejais ansiosos para ir para as vossas casas. Mas se desejarem partilhar o Meu pão Comigo e conhecer a Minha Mãe, que João já conheceu, então eu vos digo:'Venham'."
Os seis discípulos, que já estavam tristes por causa da separação iminente, animam-se novamente e aceitam o convite de todo coração.

"Vamos, então."

Eles descem a colina de forma rápida e seguem a estrada principal. O seu ar ainda está quente, mas o dia transformou-se em noite e as sombras da noite estão a cair sobre o campo, onde as cultivos estão a começar a amadurecer.

Quando entram na aldeia, há mulheres andam para lá e para cá entre a fonte e as suas casas. Homens junto das suas pequenas oficinas ou a trabalhar nas suas hortas acenam para Jesus e Judas e eles passam e as crianças encostam-se à volta de Jesus e tagarelam: "Voltaste?",

"Vais ficar aqui, agora?"

"A roda do meu pequeno carrinho de mão está outra vez partida."

"Sabes , Jesus, eu tenho uma nova ama, e eles chamaram-na de Maria."

"O diretor da escola disse-me que eu aprendi tudo e que eu sou um verdadeiro filho da Lei."

"A Sara não está aqui, porque a sua mãe está muito doente. Ela chora, porque tem medo."

"O meu irmão Isaque casou-se. Tivemos uma festa adorável."

Jesus ouve, acaricia, elogia, promete a Sua ajuda.

E chegam a casa assim. Maria já está à espera na porta, pois foi informada por um menino atencioso.

"Filho!"

"Mãe!"
E Mãe e Filho estão nos braços um do outro. Maria, que é muito menor do que Jesus, inclina a cabeça no peito do Seu Filho, apertada nos seus braços. Ele beija os Seus cabelos loiros.

E então eles entram na casa.

Os discípulos, incluindo Judas, mantêm-se cá fora, para

dar a Jesus e Maria alguns momentos de privacidade.

"Jesus! Meu filho!" E a voz de Maria treme, como que sufocada por soluços.

"Porquê, Mãe, porque estás tão chateada?"

"Oh! Filho. Disseram-me...no templo, naquele dia, havia alguns Galileus e alguns Nazarenos...Eles voltaram...e eles disseram-me...Oh! Filho!" "Mas podes ver, Mãe, que Eu estou bem. Eu não sofri nenhum dano. Deus foi glorificado na Sua casa."

"Sim, eu sei, Filho do Meu coração. Eu sei que foi como o estrondo despertando os adormecidos. E eu estou feliz pela glória dada a Deus...Estou feliz que este Meu povo desperte para Deus...Eu não estou a repreender-te... Eu não vou ser um obstáculo para Ti...Eu entendo-te e...e estou feliz, mas eu gerei-te, Filho!..."Maria ainda está apertada pelos braços de Jesus e Ela falou pondo as Suas pequenas mãos abertas pressionadas contra o peito do Seu Filho, a Sua cabeça virada para Ele, os Seus olhos brilhando com lágrimas prontas a correr pelas suas bochechas. Agora ela está em silêncio, inclinando a cabeça no Seu peito e parece uma rola cinzenta no seu vestido acinzentado, protegido por duas fortes asas brancas , porque Jesus está a usar a Sua túnica branca e manto.
"Mãe! Pobre Mãe! Querida Mãe!..."Jesus beija-a novamente. Então, Ele diz: "Bem, vês? Eu estou aqui, mas não estou sozinho. Tenho os Meus primeiros discípulos Comigo, e os outros estão na Judéia. Também o Meu primo Judas está Comigo e Me segue..."

"Judas?"

"Sim, Judas. Eu sei porque estás surpresa. Entre aqueles que Te contaram o que aconteceu, estava certamente

Alfeu com os seus filhos, e Eu não me engano se Te disser que eles Me criticaram. Mas não tenhas medo. Hoje é assim, amanhã será diferente. Um homem deve ser cultivado como o solo, e onde existem espinhos, haverá também rosas. Judas, de quem Tu gostas tanto, já está Comigo."

"Onde está ele agora?"
"Lá fora com os outros. Tens pão suficiente para todos?"

"Sim, Filho. A Maria de Alfeu está a tirá-lo do forno agora mesmo. A Maria é muito boa para Mim, principalmente agora."

"Deus vai dar-lhe glória." Ele vai até à porta e chama: "Judas! A tua mãe está aqui! Entrem, Meus amigos!" Eles entram e cumprimentam a Mãe de Jesus. Judas beija-a e depois foge para procurar a sua mãe.

João, que já tinha conhecido Maria, fala com Ela imediatamente depois de Judas, curvando-se perante Ela e recebendo a Sua bênção.

Então, Jesus introduz os outros cinco discípulos pelo nome: Pedro, André, Tiago, Natanael, Filipe. Maria cumprimenta-os e pede-lhes que se sentem. Ela é a dona da casa e, apesar de adorar o Seu Jesus com os Seus olhares - A Sua alma parece estar a falar com o Seu Filho através dos Seus olhos - Ela cuida dos Seus convidados. Ela gostaria de trazer um pouco de água para os refrescar. Mas Pedro objeta:"Não, Mulher. Eu não posso permitir isso. Por favor, sente-se perto do Seu Filho, Santa Mãe. Eu irei, todos nós iremos até à horta para nos refrescarmos."

Maria de Alfeu entra correndo, corada e coberta de farinha e cumprimenta Jesus que a abençoa. Depois ela conduz os seis homens até à fonte da horta, e volta

61

feliz."Oh! Maria!"diz ela à Virgem. "Judas disse-me. Como estou feliz! Por Judas e por Ti, minha querida cunhada. Eu sei que os outros vão criticar-me. Mas não importa. Eu estarei feliz no dia em que saiba que eles são todos por Jesus. Nós somos mães e sabemos...nós sentimos o que é bom para os nossos filhos. E eu sinto que Tu, Jesus, és a riqueza dos meus filhos."

Jesus acaricia a sua cabeça e sorri para ela.

Os discípulos voltar a entrar e Maria de Alfeu serve-lhes pão, azeitonas e queijo de cheiro doce. Depois traz uma pequena ânfora de vinho tinto, que Jesus derrama para os Seus amigos. É sempre Jesus que oferece e, em seguida, entrega as coisas. A princípio, os discípulos estão um pouco envergonhados, depois tornam-se mais confiantes e falam sobre as suas casas, da viagem até Jerusalém, dos milagres que Jesus operou. Eles estão cheios de zelo e carinho e Pedro tenta formar uma aliança com Maria para que Jesus os leve de imediato para que ele não tenha que esperar em Betsaida.

"Façam o que Ele vos disser" insta Maria, com um sorriso gentil."A espera será mais útil para ti do que uma união imediata. O que quer que seja que o Meu Jesus faz é sempre bem feito."

A esperança de Pedro desaparece mas ele submete-se de bom grado, apenas perguntando"Será que vai ser uma longa espera?"

Jesus sorri para ele, mas não diz nada mais.

Maria interpreta o sorriso de Jesus como um sinal favorável e Ela explica: "Simão de Jonas, Ele está a sorrir...Por isso, vos digo: Tão rápida como o voo de uma andorinha sobre o lago será o tempo da tua obediente espera"

"Obrigado, Mulher."

Retorno a Nazaré após a Páscoa com os seis Discípulos.

"Não tens nada a dizer, Judas? E tu, João?"

"Eu estou a olhar para Ti, Maria."

"E eu"
"Eu também estou a olhar para ti...e sabes uma coisa?
Isto lembra-me de tempos idos. Além disso, nessa altura
eu tinha três pares de olhos a olhar para mim com amor.
Lembras-te, Maria, dos meus três pupilos?

"Oh! Lembro sim! Tens toda a razão! E mesmo agora,
três com quase a mesma idade, estão a olhar para ti
com todo o seu amor. E eu acho que João é como Jesus,
como Jesus era nessa altura, tão justo e rosado, o mais
jovem de todos eles." Os outros estão ansiosos para
saber mais...e as memórias e histórias do passado são
despertadas e relacionadas à medida que fica escuro lá
fora.
"Meus amigos, Eu não tenho quartos. Mas a oficina onde
eu costumava trabalhar está ali. Se quiserem abrigar-se
lá...Mas não há nada além de bancos nela."

"Uma cama confortável para os pescadores, acostumados
a dormir em tábuas estreitas. Obrigado, Mestre. É uma
honra e uma bênção dormir sob o Teu teto."

Eles desejam boa noite e retiram-se. Judas também vai
para casa com a sua mãe deixando Jesus e Maria na
sala, sentado no peito, à luz da pequena lamparina, cada
um com um braço em volta do ombro do outro, e Jesus
conta a Maria a sua recente viagem. E Maria escuta feliz
e ansiosa.

Cura De Um Homem Cego Em Cafarnaum

É um belo pôr do sol de verão; todo o céu ocidental está iluminado com o brilho do sol e o Lago de Genesaré (também conhecido como lago de Tiberíades ou lago da Galiléia) parece um grande disco em chamas sob um céu flamejante.

As ruas em Cafarnaum estão apenas a começar a ficar cheias de mulheres em direção à fonte, pescadores a preparar as suas redes e barcos para ir pescar à noite, crianças a correr a brincar nas ruas, pequenos burros transportando cabazes em direção ao campo, provavelmente para ir buscar vegetais.

Jesus emerge da casa de Pedro, numa porta que se abre para um pequeno pátio completamente à sombra de uma videira e uma figueira. Uma pista de pedra vai além da porta, para baixo e ao longo do lago.

Pedro está na margem com André, organizando as cestas de peixe e redes no barco, os assentos e rolos de corda, preparando-se para a pesca da noite. André, que está a ajudar Pedro, vai e vem da casa para o barco.

"Será que vão ter um bom arrastão?" Pergunta Jesus aos seus discípulos.

"O tempo é propício. A água está calma, haverá um luar

claro. Os peixes virão à superfície do fundo e a minha rede vai arrastá-los."

"Vamos sozinhos?"

"Oh! Mestre! Como podemos desenrascar-nos sozinhos com este tipo de rede."

"Eu nunca fui pescar e espero ser ensinado por vocês."Jesus desce muito lentamente em direção ao lago e pára junto ao barco, nas grosseiras, areias de cascalho.

"Veja, Mestre: isto é o que nós fazemos. Eu saio ao lado do barco de Tiago de Zebedeu, e vamos assim até o ponto certo, os dois barcos juntos. Então, baixamos a rede. Agarramos uma extremidade. Tu disseste que querias segurá-la."

"Sim, se me disseres o que tenho que fazer."

"Oh! Tu só tens que vê-la a descer. Deve ser descida lentamente, sem fazer qualquer nó. Muito lentamente, porque vamos estar numa área de pesca, e qualquer movimento rápido pode afastar o peixe. Sem nós, caso contrário, a rede fecharia, quando ela deve abrir como um saco, ou se preferires, como um véu soprado pelo vento. Então, quando a rede está completamente descida, vamos remar suavemente, ou podemos zarpar, de acordo com as circunstâncias, formando um semicírculo no lago.

E quando percebemos pela vibração da cavilha de segurança que o arrastão é bom, dirigimo-nos para a praia. Quando estamos quase na praia - não antes para evitar correr o risco de perder todos os peixes; não depois, para evitar danificar tanto o peixe como a rede sobre as pedras - nós iremos puxar a rede para cima. Nesta altura temos de ter muito cuidado, porque os barcos devem estar próximos o suficiente para permitir que um barco consiga agarrar o final da rede do outro, mas eles não devem colidir, para evitar esmagar a rede cheia de peixes. Por favor, Mestre, tenha cuidado, é o nosso pão de cada dia. Fique de olho na rede, para que os solavancos não a virem ao contrário. O peixe luta pela sua liberdade com fortes golpes com as suas caudas, e se há muitos deles...Tu vais entender...São pequenas coisas, mas se dez, cem, mil se reúnem, eles tornam-se tão fortes como Leviatã."

"O mesmo acontece com os pecados, Pedro. Afinal de contas, uma falha não é irrecuperável. Mas se alguém não tem cuidado em se controlar a si mesmo, e se acrescenta falha sobre falha, no final um pouco de falha, talvez uma simples omissão, ou uma fraqueza simples, torna-se cada vez maior, torna-se um hábito, torna-se um vício capital. Às vezes, a pessoa começa com um olhar lascivo e acaba a cometer adultério. Às vezes, enquanto simplesmente se falta com caridade quando se fala com um parente, a pessoa acaba a ser violento para com o próximo. Nunca, nunca permitas que as falhas aumentem em gravidade e em números, se quiseres evitar problemas! Elas tornam-se perigosas e insuportáveis como a própria Serpente infernal, e eles vão arrastar-te para baixo, para Geena."

"O que dizes é certo, Mestre...Mas nós somos tão fracos!"

"Cuidados e oração são necessários para nos tornarmos fortes e obter ajuda, juntamente com uma forte vontade de não pecar. E deve haver uma confiança total na justiça de amor do Pai."

"Achas que Ele não vai ser muito severo com o pobre Simão?"

"Ele poderia ter sido severo com o velho Simão. Mas com o Meu Pedro, com o novo homem, o homem do Seu Cristo...não, Pedro, Ele não vai. Ele ama-te e irá amar-te."

"E quanto a mim?"

"Tu, também, André; e João, Tiago, Filipe e Natanael
também. Vocês são os primeiros escolhidos por Mim."
"Haverá mais? Existe o Teu primo, e na Judéia ... "

"Oh! Haverá muitos mais. O Meu Reino está aberto
a toda a humanidade e solenemente vos digo que o
meu arrastão, nas noites durante séculos, será mais
abundante do que o vosso mais rico...porque cada século
é uma noite na qual a pura luz de Orion ou da lua que
veleja não será o guia e a luz da humanidade, mas a
palavra de Cristo e a Graça Ele concederá; uma noite
que se tornará o amanhecer de um dia sem sol e de luz
na qual todos os fiéis vão viver e será o alvorecer de um
sol que vai fazer todos os escolhidos resplandecentes,
lindos, felizes para sempre, mesmo como deuses. Deuses
menores, filhos de Deus Pai e como Eu... Não é possível
entenderes agora. Mas eu vos digo que a vossa vida
Cristã fará com que vocês se assemelhem com o vosso
Mestre, e brilharão no céu com os Seus sinais. Assim,
não obstante a malícia invejosa de Satanás e a vontade
fraca dos homens, o Meu arrastão será mais abundante
do que o vosso."

"Mas devemos nós ser os Teus únicos apóstolos?"
"Estás com ciúmes, Pedro? Não, não estejas! Outros
virão e no meu coração haverá amor para todos. Não
sejas ganancioso, Pedro. Tu ainda não sabe quem te
ama. Já alguma vez contaste as estrelas? Ou as pedras
nas profundezas do lago? Não, não poderias. E serias
ainda menos capaz de contar as pulsações de amor das
quais o Meu coração é capaz. Já alguma vez foste capaz
de contar quantas vezes este lago beija a praia com as
suas ondas no decurso de doze luas? Não, nunca serias
capaz de fazê-lo. E serias ainda menos capaz de contar
as ondas de amor que o Meu coração derrama para beijar
os homens. Fica certo do Meu amor, Pedro."

Pedro está profundamente comovido e pega a mão de
Jesus e beija-a.

André olha, mas não se atreve a pegar na mão de Jesus.
Jesus, porém, acaricia os seus cabelos com a mão e diz:
"Eu amo-te muito, também. Na hora da tua aurora, sem
teres que levantar os olhos, vais ver o teu Jesus refletido
na abóbada do céu, e Ele vai estar a sorrir para ti para te
dizer:'Eu amo-te. Vem', e o teu falecimento no alvorecer
será mais doce do que entrar numa aposento nupcial..."

'Simão! Simão! André! Aqui estou eu...Estou a chegar..."
chama João correndo em direção a eles, ofegante."Oh!
Mestre! Eu fiz-te esperar?" João olha para Jesus com os
olhos de alguém que ama.
Pedro responde: "Para dizer a verdade, eu estava a
começar a pensar que já não vinhas. Prepara o teu barco
rapidamente. E Tiago?..."

"Bem...nós estamos atrasados por causa de um homem
cego. Ele pensou que Jesus estava na nossa casa e
foi lá. Dissemos-lhe: "Ele não está aqui. Talvez Ele te
cure amanhã. Simplesmente espera." Mas ele não quis
esperar. Tiago disse-lhe: "Já esperaste tanto tempo para
ver a luz, o que importa se esperares mais uma noite?"
Mas ele não quis ouvir a voz da razão..."

"João, se tu fosses cego, estarias ansioso para ver a tua
mãe?"

"Eh!...Certamente!"

"Pois bem? Onde está o homem cego?"
"Ele vem aí com o Tiago. Ele pegou no seu manto e não
o largará. Mas ele vem muito lentamente, porque a costa
está coberta de pedras, e ele tropeça contra eles...Mestre,
perdoas-me por ser rígido?"

"Sim, perdoo, mas para fazer as pazes, vai e ajuda o cego e trá-lo até mim."

João corre. Pedro abana a cabeça, mas não diz nada. Ele olha para o céu que está agora a mudar de uma tonalidade cobre profunda para azul. Ele olha para o lago e para os outros barcos que já estão a pescar e suspira.

"Simão?"

"Mestre?"

"Não tenhas medo. Vais ter um bom arrastão, mesmo que sejas o último a sair."

"Também esta vez?"

"Todas as vezes que fores caridoso, Deus irá conceder-te a graça da abundância."

"Aqui está o homem cego."

O pobre cego aproxima-se entre Tiago e João, carregando uma bengala na mão, mas de momento, não está a usá-la e anda melhor suportado pelos dois jovens.

"Aqui, homem, o Mestre está na tua frente."

O cego ajoelha-se: "Meu Senhor! Tem misericórdia de mim."

"Desejas ver? Levanta-te. Há quanto tempo és cego?"

Os quatro apóstolos reúnem-se em volta dos outros dois. "Sete anos, Senhor. Antes, eu podia ver bem, e trabalhava. Eu era ferreiro em Cesaréia. As coisas corriam bem. O porto, a boa negociação, eles precisavam sempre de mim para um trabalho ou para outro. Mas ao golpear um pedaço de ferro para fazer uma âncora- e poderá imaginar o quão quente estava para ser flexíveluma lasca saltou , e queimou o meu olho. Os meus olhos já estavam doridos do calor da forja. Eu perdi o olho ferido, e também o outro ficou cego após três meses. Eu acabei todas as minhas economias, e agora vivo da caridade..."

"Estás sozinho?"
"Sou casado e tenho três filhos pequenos...; Eu nem sequer vi o rosto de um deles...e eu tenho uma velha mãe. E, no entanto, ela e a minha esposa ganham um pouco de pão, e com o que ganham e as esmolas que levo para casa, conseguimos não passar fome. Se eu estivesse curado!...Eu voltaria a trabalhar. Tudo o que eu peço é ser capaz de trabalhar como um bom Israelita e, assim, alimentar aqueles que eu amo."

"E vieste até Mim? Quem te disse?"

"Um leproso que foi curado por Ti no pé do Monte Tabor, quando regressavas do lago depois daquele belo discurso."

"O que te disse ele?"
"Que Tu podes fazer tudo. Que Tu és a saúde dos corpos e das almas. Que Tu és uma luz para almas e corpos, porque Tu és a Luz de Deus. Ele, apesar de leproso, atreveu-se a misturar-se com a multidão, correndo o risco de ser apedrejado, todo envolto no seu manto porque ele Te viu a passar a caminho da montanha, e o Teu rosto acendeu a esperança no seu coração. Ele disse-me: "Eu vi alguma coisa naquele rosto que me sussurrou:'Há saúde ali. Vai! E eu fui.'Depois ele repetiu o teu discurso para mim e disse-me que o curaste, tocando-o com a Tua mão, sem qualquer repulsa. Ele estava a voltar do sacerdote após a sua purificação. Eu conhecia-o. Eu fiz alguns trabalhos para ele quando ele tinha uma loja em Cesaréia. Eu vim, perguntando por Ti em cada cidade e aldeia. Agora que Te encontrei...Tem

misericórdia de mim!"
"Vem. A luz ainda está muito clara para alguém que sai da escuridão!"

"Vais curar-me, então?"

Jesus leva-o para a casa de Pedro e na penumbra da horta, Ele coloca o homem cego diante Dele de tal forma que os olhos curados não possam ver, como primeira vista, o lago ainda a brilhar com a luz. Como uma criança muito dócil, o homem obedece, sem perguntas.

Jesus estende as Suas mãos sobre a cabeça do homem ajoelhado e reza:

"Pai! A Tua Luz para este Teu filho!"
Ele permanece nesta posição por um momento. Então Ele molha a ponta dos dedos com a saliva e depois toca levemente os olhos abertos, mas sem vida com a Sua mão direita.

Um momento. Então o homem pisca os olhos, esfrega as pálpebras como um despertar de um sono.

"O que vês?"

"Oh!...Oh!...Oh!...Deus Eterno! Eu acho que...Eu acho que...oh! Eu consigo ver...Eu vejo o Teu manto...é vermelho, não é? E uma mão branca...e um cinto de lã... oh! Bom Jesus...Eu consigo ver cada vez melhor, quanto mais me acostumo a ver...Existe a erva da terra...e isso é certamente um poço...e há uma videira..."

"Levanta-te, Meu amigo."
O homem levanta-se, a chorar e a rir ao mesmo tempo. Por um momento, ele hesita, dividido entre respeito e desejo e, em seguida, levanta o seu rosto e encontra os olhos de Jesus. Jesus está a sorrir, cheio de amor misericordioso. Quão belo deve ser recuperar a visão e

ver aquele rosto em primeiro lugar! Instintivamente, o homem grita e faz alongamentos mas depois controla-se. Mas Jesus abre os braços e chama a Si mesmo o homem que é muito menor que ele."Vai para casa agora, e sê feliz e justo. Vai com a Minha paz."

"Mestre, Mestre! Senhor! Jesus! Santo! Abençoado! A luz...Eu vejo...Eu vejo tudo...Existe o lago azul, o céu claro, o sol pondo-se, e depois os chifres da lua crescente...Mas é nos Teus olhos que vejo o azul mais bonito e claro, e em Ti vejo a beleza do mais real sol, e a luz casta da abençoa lua. Tu és a estrela daqueles que sofrem, a Luz do cego, a viva e ativa Misericórdia!"

"Eu sou a Luz das almas. Sê um filho da Luz."

"Sim, Jesus, sempre. Sempre que fecho os meus olhos re-nascidos, vou renovar o meu juramento. Que Tu e o Altíssimo sejam abençoados."

"Bendito seja o Altíssimo Pai! Vai!"

E o homem vai embora, feliz, seguro de si, enquanto Jesus e os apóstolos espantados entram em dois barcos e manobram-no para longe.

Jesus Reza À Noite

É meio da noite e o dossel estrelado do céu é perceptível no brilho do lago da Galiléia, que em si, embora não visível no escuro, uma pessoa adivinha que está lá pacificamente a dormir sob as estrelas por causa do colo delicado das suas águas na praia de cascalho.

Sem fazer barulho, Jesus sai da casa de Pedro em Cafarnaum, onde passou a noite para fazer Pedro feliz. Mantendo a porta entreaberta, Jesus olha pensativo para o céu, para o lago e para a estrada e, em seguida, começa a caminhar em direção à vila, afastando-se do lago. Ele passa por parte dele em direcção ao campo e ao longo de um pequeno caminho que leva às primeiras ondulações de um olival, onde Ele entra na verde e silenciosa paz e Se prostra em oração. Fervorosamente, Ele ora, ajoelhando-se e suspirando talvez por causa de alguma dor moral, e então, como que fortificado, Ele levanta-se, mantendo-se de pé, com o Seu rosto levantado para o céu, um rosto feito mais espiritual pela luz crescente de um amanhecer claro de verão. Com os braços totalmente estendidos, Ele parece uma alta, viva e angelical cruz. Ele ora agora, sorrindo. Tão suave na Sua atitude, Ele parece estar a abençoar todo o campo, o dia que nasce, as estrelas que desaparecem e o lago que agora se torna mais visível com a luz da aurora.

"Mestre! Temos estado à tua procura por todo o lado! Nós vimos a porta entreaberta, quando voltámos com o peixe, e pensámos que tinhas saído. Mas não conseguimos encontrar-te. E, finalmente, um camponês, que estava a carregar as suas cestas para levá-las à cidade, disse-nos. Fomos estávamos a chamar:'Jesus, Jesus!', E ele disse:'Vocês estão à procura do rabino que fala para as multidões? Ele subiu esse caminho, em direção à montanha. Ele deve estar no olival de Miquéias, porque ele vai para lá muitas vezes. Eu já O vi lá antes.'Ele estava certo. Porque saiste tão cedo, Mestre? Porque não descansaste? A cama não era confortável?..."
'Não, Pedro. A cama era confortável e o quarto era muito agradável. Mas eu faço isto muitas vezes. Para elevar o Meu espírito e estar unido ao Pai. A oração é uma força para nós mesmos e para os outros. Nós conseguimos tudo através da oração. Se não recebemos uma graça, que o Pai nem sempre concede - e não devemos pensar que é devido a falta de amor, em vez disso, devemos crer que é a vontade de uma Ordem que governa o destino de cada um por uma boa oração propositada certamente nos dá paz e alegria, para que possamos suportar tantas coisas vexatórias, sem sair do caminho sagrado. É fácil, sabes, Pedro, ter uma mente nublada e um coração agitado por causa do que está ao nosso redor! E como pode uma mente nublada ou um coração agitado ter consciência de Deus?"

"É verdade. Mas nós não sabemos como orar! Nós não somos capazes de dizer as palavras lindas que Tu dizes."
"Diz as palavras que tu conheces, da melhor forma que puderes. Não são as palavras, mas os sentimentos com que são pronunciadas que fazem as tuas orações agradáveis ao Pai..."

"Nós gostavamos de orar como Tu."

"Eu vou ensinar-vos também a orar. Vou ensinar-vos
a mais sagrada das orações. Mas, para evitar que seja
apenas uma fórmula vazia nos vossos lábios, Eu quero
que os vossos corações tenham pelo menos um mínimo
de santidade, luz e sabedoria...É por isso que vos instruo.
Mais tarde, vos ensinarei a santa oração. Porque estavam
à Minha procura, precisam de alguma coisa de Mim?"

"Não, Mestre. Mas há muitos que querem tanto de Ti. Já
havia pessoas vindas de Cafarnaum, e elas eram pobres,
doentes, pessoas deprimidas, pessoas de boa vontade e
ansiosas para serem ensinadas. Quando perguntaram
por Ti, nós dissemos:'O Mestre está cansado e dorme.
Vão embora e voltem no próximo Sábado.'"
"Não, Simão. Vocês não devem dizer isso. Não existe um
dia único para a misericórdia. Eu sou Amor, Luz e Saúde
todos os dias da semana."

"Mas...até agora Falaste apenas aos sábados."

"Porque eu ainda era desconhecido. Mas, à medida que
me torno conhecido, todos os dias haverá efusões de
Graça e graças. Em verdade vos digo que virá o tempo
quando até mesmo o momento do tempo que é concedido
a um pardal para descansar num ramo e comer alguns
pequenos grãos não será concedido ao Filho do homem
para Seu repouso e refeições."

"Mas Tu ficarás doente! Não vamos permitir isso. A Tua
bondade não deve fazer-te infeliz."
"E achas que isso poderia fazer-me infeliz? Oh! Se todo
o mundo viesse a Mim para Me ouvir, para lamentar os
seus pecados e tristezas no Meu coração, para serem
curados nos seus corpos e almas, e eu estivesse exausto
de falar, e perdoar e derramar o meu poder, eu estaria tão
feliz, Pedro, que eu nem sequer me arrependeria do Céu,
onde eu estava no Pai! De onde eram eles, os que vieram
até Mim?"

"De Korazim, Betsaida, Cafarnaum, e havia alguns até de Tiberíades e Gherghesa, bem como de centenas de aldeias em torno dessas cidades."

"Vai e diz-lhes que Eu vou estar em Korazim, Betsaida e aldeias vizinhas."

"Porque não em Cafarnaum?"

"Porque eu vim para todos e todos devem ter-me, e além disso...existe o velho Isaque que espera por mim. Não devemos decepcionar as suas esperanças."
"Vais esperar por nós aqui, então?"

"Não, Eu vou e vocês ficarão em Cafarnaum para enviar as multidões para Mim; Volto mais tarde."

"Vamos ficar aqui sozinhos..." Pedro está triste.

"Não fiques triste. A obediência deve fazer-te feliz, bem como a convicção de que és um discípulo útil. E o mesmo se aplica aos outros."

Pedro, André, Tiago e João animem-se. Jesus abençoa-os, e eles separam-se.

A Pesca Milagrosa Dos Peixes

"Quando todas as árvores florescem na primavera, o
agricultor contente diz:'Eu vou ter uma boa colheita', e
essa esperança faz com que o seu coração se alegre...",
diz Jesus, falando para a multidão. "Mas da primavera
ao outono, do mês das flores ao mês das frutas, quantos
dias, ventos, chuvas, sol e tempestades devem passar, e
às vezes guerras ou a crueldade dos poderosos e doenças
de plantas, e às vezes as doenças dos homens dos
campos, para que as plantas, que não são mais cavadas,
nem regadas, podadas, apoiadas ou limpas, embora
tenham prometido fruta abundante, murchem e morram
ou não produzam frutos!
Vocês seguem-me. Vocês amam-me. Assim como as
plantas na primavera vocês adornam-se com propósito
e amor. Israel, de fato, na aurora da minha missão é
como o nosso doce campo no brilhante mês de Nisã .
Mas escutem. Como o calor excessivo em tempo seco,
Satanás, que tem inveja de mim, virá para queimar-vos
com a sua ira. O mundo virá com os seus ventos gelados
para congelar as suas flores. E as paixões virão como
tempestades. E o tédio virá como uma chuva persistente.
Todos os Meus inimigos e os vossos virão para esterilizar
o que deve ser o fruto da vossa tendência natural para
florescer em Deus.
Eu estou a avisar-vos porque Eu sei. Será que tudo vai

ser perdido, quando eu, como um agricultor doente, ainda mais do que doente: morto, não seja mais capaz de falar com vocês e fazer milagres para vocês? Não. Eu vou semear e cultivar, enquanto tiver tempo. Então, tudo vai crescer e amadurecer para vocês, se vocês mantiverem uma boa vigilância.
Olhem para a figueira, perto da casa de Simão de Jonas. Quem a plantou não encontrou o ponto mais certo e favorável. Plantado como estava perto da parede úmida a norte, teria murchado, se por si só, não tivesse encontrado proteção para sobreviver. E procurou sol e luz. Ali está ela: toda dobrada, mas forte e orgulhosa, atraindo os raios do sol do amanhecer e convertendo-os em alimento para as suas centenas e centenas de doces frutos. Defendeu-se por si só. Ela disse: "O Criador quis-me, para que eu possa dar alegria e comida ao homem. E eu quero juntar a minha vontade à Dele. "Uma figueira! Uma árvore que não fala! Uma árvore sem alma! E serão vocês, filhos de Deus, os filhos do homem, serão vocês inferiores a uma planta de madeira?
Mantenham uma boa vigilância para dar frutos da vida eterna. Eu vos cultivarei , e no final vos darei um sumo tão potente, que nunca encontrarão um mais poderoso. Não permitam que Satanás se ria da destruição do Meu trabalho, do Meu sacrifício e das vossas almas. Procurem a luz. Procurem o sol. Procurem forças. Procurem a vida. Eu sou a Vida, Força, Luz do sol e Luz daqueles que Me amam. Eu vim para levar-vos de onde Eu vim. Eu estou a falar com vocês aqui, para vos chamar a todos e recordar-vos os dez mandamentos que dão a vida eterna. E com aconselhamento de amor Eu vos digo :'Ama a Deus e ao próximo.'É a primeira condição para cumprir tudo o resto bem. É o mais santo dos santos mandamentos. Amor. Aqueles que amam a Deus, em Deus e para o Senhor Deus, terão paz, tanto na Terra como no Céu, para a sua morada e a sua coroa."
As pessoas vão embora com dificuldade após a bênção de

Jesus. Não existem nem pessoas doentes, nem pobres.

Jesus diz a Simão: "Chama os outros dois. Vamos para o lago lançar a rede."

"Mestre, os meus braços doem com a fadiga: toda a noite eu lancei e puxei a rede, e tudo em vão. Os peixes estão em baixo na parte inferior. Eu me pergunto onde." "Faz como Eu te digo, Pedro. Ouve sempre aqueles que te amam."

"Eu vou fazer como dizes por respeito à Tua palavra." E ele grita para os assistentes e também para Tiago e João: 'Vamos sair para pescar. O Mestre quer ir.'E à medida que partem, ele diz a Jesus: "No entanto, Mestre, eu asseguro-lhe que não é o momento certo. Só Deus sabe onde os peixes estão a descansar agora!..."

Jesus, sentado na proa, sorri e está silencioso.

Eles formam um semicírculo no lago e, em seguida, lançam a rede. Depois de alguns minutos de espera, o barco é sacudido de uma maneira estranha, pois o lago é tão suave como um painel de vidro sob o sol do meio-dia. "Mas isso é peixe, Mestre!", Diz Pedro, com os olhos bem abertos. Jesus sorri e está silencioso.

"Puxem! Puxem! Ordena Pedro aos seus assistentes. Mas o barco inclina para um lado, onde a rede está: Tiago! João! Rápido! Venham rápido! Com os remos! Rápido!"

Eles correm e os esforços conjuntos das duas tripulações conseguem puxar a rede, sem prejudicar a captura. Os dois barcos aproximam-se até que ficam unidos e um, dois...cinco...dez cestas todas cheias de peixes maravilhosos, e ainda há tantos a contorcerem-se na rede: prata e bronze vivos, lutando para escapar da morte. Há apenas uma coisa a ser feita: esvaziar a rede

na parte inferior dos barcos.

Eles fazem isso e os partes inferiores tornam-se um turbilhão de vida em agonia. E a tripulação tem peixe até os tornozelos em tal abundância que os barcos afundam abaixo da linha de água por causa do excesso de peso. "Para a costa! Vamos! Rápido! As velas! Prestem atenção à linha de profundidade! Tenham os pólos prontos para evitar um choque. Temos demasiado peso!"

Enquanto a manobra dura, Pedro não pensa em mais nada. Mas quando ele chega a terra firme, começa a perceber. Ele entende. Ele está assustado."Mestre! Meu Senhor! Vai para longe de mim! Eu sou um pecador! Eu não sou digno de estar perto de Ti!" Ele está de joelhos na costa úmida.

Jesus olha para ele e sorri:"Levanta-te! Segue-me! Eu não vou deixar-te mais! A partir de agora, tu vais ser um pescador de homens, e os teus companheiros contigo. Não tenhas medo de nada. Eu estou a chamar-te. Vem!

"Imediatamente, Senhor. Tu toma conta dos barcos. Leva tudo para Zebedeu e para o meu cunhado. Vamos. Nós somos todos por Ti, Jesus! Bendito seja o Pai Eterno, por esta escolha."

O Iscariotes Encontra Jesus No Getsêmani E É Aceite Como Um Discípulo

É noite, e escurece. A luz do dia fica cada vez mais ténue no meio do olival, onde, Jesus, sozinho, está sentado num dos pequenos terraços de terra, na Sua postura habitual; Os Seus cotovelos apoiados nos Seus joelhos, os Seus braços para a frente e as Suas mãos unidas. Ele tirou o Seu manto como se estivesse quente, e a Sua túnica branca destaca-se contra o verde da paisagem tornada ainda mais escura pelo crepúsculo.

Um homem aproxima-se através das oliveiras e parece estar à procura de algo ou alguém. Ele é alto, e as suas vestes alegres: de um tom cor-de-rosa amarelado que faz o seu grande manto mais chamativo, adornado como está com franjas que balançam. O seu rosto é um pouco obscurecido pela fraca luz e a distância, e também porque a borda de seu manto cai sobre parte do seu rosto. Quando ele vê Jesus, faz um gesto como se dissesse:"Aqui está Ele!"E apressa o passo. Quando está a poucos metros de distância, cumprimenta-o: "Salve, Mestre!"

Jesus vira-se de repente e olha para cima, porque o homem está parado no socalco seguinte, que está mais acima. Jesus olha para ele, a Sua expressão séria e triste . O homem diz outra vez: "Saúdo-vos, Mestre. Eu

sou Judas de Queriote. Não me reconheces? Não Te lembras?"

"Eu lembro-me e reconheço-te. Tu falaste Comigo aqui com Tomé, na última Páscoa."

"E disseste-me: "Pensa sobre isso e decide-te antes de eu voltar. "Eu estou decidido. Eu vim."

"Porque vieste Judas?" Jesus está realmente triste.

"Porque...na última vez eu disse-te porquê. Porque eu sonho com o Reino de Israel e vejo-te como um rei."

"É por isso que vieste?"

"Sim, é. Vou colocar-me a mim e a tudo o que possuo: capacidade, conhecidos, amigos e fadiga ao Teu serviço e ao serviço da Tua missão de reconstruir Israel."

Os dois, agora perto, cara a cara, olham fixamente um para o outro; Jesus muito sério e melancólico. Judas, exaltado pelo seu sonho, está sorrindo, bonito, jovem, enérgico e ambicioso.

"Eu não te procurei Judas."

"Eu sei. Mas procurei-te eu. Durante dias e dias tenho colocado pessoas no portão para me avisarem de Tua chegada. Eu pensei que Virias com seguidores e, portanto, Serias fácil de notar. Ao invés...eu entendi que Estiveste aqui, porque um grupo de peregrinos estava a abençoar-te por Teres curado um homem doente. Mas ninguém pôde dizer-me onde Estavas. Então lembrei-me deste lugar. E vim. Se não Te tivesse encontrado aqui, ter-me-ia resignado a não Te procurar mais..."

"Achas que é uma coisa boa teres-me encontrado ?"

"Sim, porque estava à Tua procura. Eu estava com saudades Tuas, eu quero-te."

"Porquê? Porque Me procuraste?"

"Mas eu já Te expliquei Mestre! Não Terás compreendido?"

"Eu compreendi-te. Sim, compreendi. Mas Eu quero que tu também Me entendas antes de me seguires. Vem. Vamos andar e falar." E eles começam a andar, um ao lado do outro, para cima e para baixo nos caminhos que cruzam o olival. "Tu queres seguir-me por uma razão humana, Judas. Mas Eu devo dissuadir-te. Eu não vim para isso."

"Mas não és Tu o Rei designado dos Judeus? Aquele de quem os Profetas falaram? Outros vieram. Mas faltavam-lhes demasiadas coisas e caíram como folhas que já não são suportadas pelo vento. Mas Tu tens Deus Contigo, Tu verdadeiramente fazes milagres. Onde estiver Deus, o sucesso da missão é garantido."

"Falaste a verdade. Eu tenho Deus Comigo. Eu sou a Sua Palavra. Eu fui profetizado pelos Profetas, prometido aos Patriarcas, esperado pelo povo. Mas porquê, Israel, te tornaste tão cega e surda que já não és capaz de ler e ver, de ouvir e compreender a realidade dos acontecimentos? O Meu Reino não é deste mundo, Judas. Permite-te ser convencido disso. Eu vim para Israel para trazer Luz e Glória. Mas não a luz e a glória da terra. Eu vim para chamar os justos de Israel para o Reino. Porque é a partir de Israel que a planta da vida eterna está por vir, e com Israel deve ser formada, a planta, a seiva que será o Sangue do Senhor, a planta que se espalhará por toda a terra, até ao fim dos tempos. Os Meus primeiros seguidores serão de Israel. Os Meus primeiros confessores serão de Israel. Mas também os

Meus perseguidores serão de Israel. Também os Meus carrascos serão de Israel. E também o Meu traidor será de Israel..."

"Não, Mestre. Isso nunca vai acontecer. Se todos Te trairem , eu ficarei Contigo e defender-te-ei."

"Tu, Judas? E sobre o quê baseias a tua certeza?"

"Na minha honra como homem."

"Que é mais frágil do que uma teia de aranha, Judas. É a Deus que temos que pedir a força para ser honestos e fiéis. O homem!...O homem realiza atos humanos. Para realizar obras espirituais - e seguir o Messias com veracidade e justiça é realizar um ato espiritual - é necessário matar o homem e fazê-lo nascer de novo. És capaz de tanto?"

"Sim, Mestre. E em qualquer caso...nem todas as pessoas em Israel Te amarão. Mas Israel não vai dar ao Messias carrascos e traidores. Israel tem esperado por Ti durante séculos!"

"Eu vou ser dado a eles. Lembra-te dos profetas... das suas palavras...e do seu fim. Eu estou destinado a decepcionar muitos. E tu és um deles. Judas, tens aqui à tua frente, um homem pobre pacífico e brando que deseja permanecer pobre. Eu não vim para Me impor e fazer guerra. Eu não vou lutar contra os fortes e poderosos por nenhum reino ou poder. Eu luto somente com Satanás por almas e vim para quebrar as cadeias de Satanás com o fogo do Meu amor. Eu vim para ensinar a misericórdia, o sacrifício, a humildade, a continência. Eu digo-te a ti e a todo o mundo:'Não anseiem a riqueza humana, mas trabalhem para as moedas eternas.'Tu enganas-te a ti mesmo se pensas que vou triunfar sobre Roma e as classes dominantes. Herodes e Caesars podem dormir tranquilamente, enquanto eu falo para as multidões. Eu não vim para arrebatar o cetro de ninguém...e o Meu cetro eterno já está pronto, mas ninguém, a não ser que alguém seja amor como Eu sou, gostaria de segurá-lo. Vai, Judas, e pondera..."

"Estás a rejeitar-me, Mestre?"

"Eu não rejeito ninguém, porque quem rejeita não ama. Mas, diz-me, Judas: como descreverias o gesto de um homem, que, sabendo que está infetado por uma doença contagiosa, diz a outro homem que se aproxima dele sem saber da situação, para beber do seu cálice:'Cuidado com o estás a fazer?'Definirias isso ódio ou amor?"

"Eu diria que isso é amor, porque ele não quer que o homem, sem saber do perigo, arruine a sua saúde. "

"Bem, define também o Meu gesto da mesma forma."

"Posso arruinar a minha saúde ao ir Contigo? Não, nunca."

"Podes arruinar mais do que a tua saúde, porque, considera isto cuidadosamente, Judas, pouco será debitado aquele que é um assassino, mas acredita que está a fazer justiça, e acredita nisso porque não sabe a Verdade; mas uma grande parte será debitada aquele, que sabendo a Verdade, não só não a segue, como se torna seu inimigo."

"Eu não vou fazer isso. Leva-me, Mestre. Não me podes recusar. Se Tu és o Salvador e Vês que eu sou um pecador, uma ovelha extraviada, um homem cego fora do caminho certo, porque recusas salvar-me? Leva-me. Vou seguir-te mesmo até à morte..."

"Até a morte! Isso é verdade. Então..."

"Então, Mestre?"

"O futuro está no seio de Deus. Vai. Vamo-nos encontrar amanhã no Portão dos Peixes."

"Obrigado, Mestre. O Senhor esteja Contigo."

"E que a Sua misericórdia te salve."

Jesus Com Judas Iscariotes Encontra-Se Com Simão O Zelote E João

"Tens a certeza que ele virá?" Pergunta Judas Iscariotes enquanto anda para cima e para baixo com Jesus perto de uma das portas dentro do recinto do Templo.

"Eu tenho a certeza. Ele estava a sair de Betânia ao amanhecer e ficou de encontrar-se com o meu primeiro discípulo em Getsêmani..."

Há uma pausa. Depois Jesus pára em frente de Judas e olha fixamente para ele, estudando-o de perto. Então, Ele coloca a mão no ombro de Judas e pergunta:"Porque não Me dizes os teus pensamentos, Judas?"

"Que pensamentos? Eu não tenho nenhum pensamento especial, Mestre, no momento presente. Eu faço-te muitas perguntas. Certamente não te podes queixar da Minha mudez."

"Tu fazes-me muitas perguntas e dás-me muitos detalhes sobre a cidade e os seus habitantes. Mas não desabafas Comigo. O que achas que é importante para mim, o que Me contas sobre a riqueza das pessoas e os membros desta ou daquela família? Eu não sou um preguiçoso que veio aqui para passar o tempo. Tu sabes por que Vim. E podes muito bem perceber que Estou preocupado em ser o Mestre dos Meus discípulos, como a coisa mais

importante. Por isso, quero sinceridade e confiança deles.
O teu pai gostava de ti Judas?"

"Ele gostava muito de mim. Ele estava orgulhoso de
mim. Quando voltei para casa da escola, e mesmo mais
tarde, quando voltei para Queriot desde Jerusalém, ele
queria que eu lhe contasse tudo. Ele interessou-se por
tudo o que fiz e ficava contente se fossem coisas boas,
e confortava-me se não fossem assim tão boas, se por
vezes, Tu sabes, todos nós cometemos erros - se eu
tivesse cometido um erro e tivesse sido responsabilizado
por isso, ele mostrava-me a justiça da reprovação que
eu tinha recebido, ou a injustiça da minha ação. Mas ele
fazia isso com tanta delicadeza...ele parecia um irmão
mais velho. Ele terminava sempre dizendo:'Eu estou a
dizer isto porque quero que o meu Judas seja justo. Eu
quero ser abençoado através do meu filho.'O meu pai..."

Jesus, que observou cuidadosamente o quão comovido
Judas está ao lembrar as memórias do seu pai, diz:
"Agora, Judas, não te esqueças do que te vou dizer. Nada
fará o teu pai tão feliz, como tu seres um discípulo fiel.
O teu pai, que te educou como disseste, deve ter sido um
homem justo e a sua alma se alegrará, onde ele aguarda
a luz, vendo que és Meu discípulo. Mas, para tal, deves
dizer para ti mesmo:'Eu encontrei o meu pai perdido,
o pai que era como um irmão mais velho para mim, eu
encontrei-o no meu Jesus, e vou dizer-lhe tudo, como
costumava dizer ao meu amado pai, sobre cuja morte
ainda choro, para que possa receber orientação Dele,
bênçãos ou uma censura amável'que Deus o conceda, e
acima de tudo que tu possas comportar-te de modo que
Jesus sempre te diga:'Tu és bom. Eu te abençoo.'"

"Oh! Sim, Jesus! Se Tu me amas tanto, eu vou esforçar-
me para ser bom, como Tu e o meu pai querem que eu
seja. E a minha mãe já não terá uma dor no seu coração.

Ela costumava dizer:'Tu não tens guia agora, meu filho, e ainda precisa tanto de um.'Quando ela souber que Te tenho a Ti!"

"Eu Vou amar-te como nenhum outro homem poderia alguma vez amar-te, eu Vou amar-te tanto, Eu amo-te. Não Me decepciones."

"Não, Mestre, não o farei. Eu estava cheio de conflitos. Inveja, ciúme, ânsia para me destacar, sensualidade, tudo chocava dentro de mim contra a voz da minha consciência. Mesmo bastante recentemente, sabes? Tu fizeste-me sofrer. Isto é: não, não Tu. Foi a minha natureza perversa...Eu pensava que era o Teu primeiro discípulo...e, agora Tu acabaste de Me dizer que já Tens um."

"Tu próprio o viste. Não te lembras que na Páscoa eu estava no templo com muitos Galileus?"

"Eu pensava que eram amigos...eu pensava que era o primeiro a ser escolhido para tal destino, e que eu era, portanto, o mais querido."

"Não há distinções no meu coração entre o primeiro e o último. Se o primeiro errasse e o último fosse um homem santo, então haveria uma distinção aos olhos de Deus. Mas eu vou amar-te da mesma maneira: eu amo o homem que vive uma vida santa com um amor feliz, e o pecador com um amor que sofre. Mas aí vem João com Simão. João, o Meu primeiro discípulo, Simão, aquele de quem te falei há dois dias. Já tinhas visto Simão e João. Um estava doente..."

"Ah! O leproso! Eu lembro-me. Ele já é Teu discípulo?"

"Desde o dia seguinte."

"E porque eu tive de esperar tanto tempo?"

"Judas?!"

"Tens razão. Perdoa-me."

João vê o Mestre, aponta-o para Simão e apressam-se. João e o Mestre beijam-se. Simão, pelo contrário, lança-se aos pés de Jesus e beija-os, exclamando: "Glória ao meu Salvador! Abençoa o Teu servo para que as suas ações possam ser santas aos olhos de Deus e para que eu possa glorificá-lo e abençoá-lo por Te ter trazido até mim."

Jesus coloca a mão sobre a cabeça de Simão: "Sim, Eu te abençoo para te agradecer pelo teu trabalho. Levanta-te, Simão. Este é João, e este é Simão: aqui está o Meu último discípulo. Ele também quer seguir a Verdade. Ele é, portanto, um irmão para todos vocês."

Eles cumprimentam-se uns aos outros: os dois da Judéia inquisidoramente, João cordialmente.

"Estás cansado, Simão?"Pergunta Jesus.

"Não, Mestre. Com a minha saúde Eu recuperei uma vitalidade que nunca senti antes."

"E sei que fazes bom uso dela. Falei com muitas pessoas e todas Me disseram que já os instruiste sobre o Messias."

Simão sorri feliz. "Também ontem à noite falei de Ti a alguém que é um Israelita honesto. Eu espero que o conheças um dia. Eu gostaria de Te levar até ele."

"Isso é perfeitamente possível."

Judas junta-se à conversa: "Mestre Tu prometeste vir comigo, na Judéia."

"E Irei. Simão vai continuar a ensinar as pessoas na Minha chegada. O tempo é curto, Meus queridos amigos, e as pessoas são tantas. Eu agora vou com Simão. Vocês os dois vão e encontrar-me-ão esta noite no caminho para o Monte das Oliveiras e vamos dar dinheiro aos pobres. Vão agora."

Quando Jesus fica sozinho com Simão, ele pergunta-lhe: "Essa pessoa em Betânia é um verdadeiro Israelita?"

"Ele é um verdadeiro israelita. As suas idéias são as que prevalecem, mas ele está realmente desejoso de ver o Messias. E quando eu lhe disse :'Ele agora está no meio de nós', ele respondeu de imediato:'Eu sou abençoado por estar vivo nesta hora'".

"Iremos ter com ele um dia e levaremos a nossa bênção à sua casa. Já viste o novo discípulo?"

"Sim. Ele é jovem e parece inteligente."

"Sim, é. Já que tu és da Judéia, Vais suportar muito mais com ele do que os outros, por causa das suas idéias."

"Isso é um desejo ou uma ordem?"

"É uma ordem amável. Tu tens sofrido e podes ser mais indulgente. O sofrimento ensina muitas coisas."

"Se me deres uma ordem, eu vou ser totalmente indulgente com ela."

"Sim. Assim seja. Talvez Pedro, e ele pode não ser o único, fique um pouco chateado de ver como Eu cuido e Me preocupo com este discípulo. Mas um dia, eles vão entender...Quanto mais se é deformado, mais se necessita de assistência.

Os outros...oh! Os outros formam-se devidamente,

também por si próprios, pelo simples contacto. Eu não quero fazer tudo por Mim mesmo. Eu quero que a vontade do homem e a ajuda de outras pessoas formem um homem. Eu peço que Me ajudes...e Eu estou grato pela ajuda."

"Mestre Achas que ele Te vai decepcionar?"

"Não. Mas ele é jovem e foi educado em Jerusalém."

"Oh! Perto de Ti ele vai alterar todos os vícios daquela cidade...tenho a certeza. Eu já estava velho e endurecido pelo ódio amargo, e ainda assim mudei completamente depois de Te ver..."

Jesus sussurra: "Assim seja!" Então, em voz alta: "Vamos para o Templo. Vou evangelizar as pessoas."

FIM

Se gostou deste livro, por favor deixe uma avaliação!

Extratos da Avançar na Série

Retorno Para Nazaré Depois De Deixar Jonas

É hora de dizer adeus e Jesus e os Seus discípulos estão de pé na porta de uma cabana pobre, com Jonas e outros camponeses pobres, iluminados por uma luz tão fraca, que parece estar a piscar.

'Será que eu não vou vê-Lo novamente, meu Senhor?' pergunta Jonas. 'Vós trouxestes luz aos nossos corações. Vossa bondade transformou os dias de hoje numa festa que durará toda a vida. Mas Vós vistes como somos tratados. A mula é cuidada melhor de que nós somos. E árvores recebem mais atenção humana; elas dão dinheiro. Somos apenas mós que ganham dinheiro e estamos acostumados até a morrer de labuta excessiva. Mas Vossas palavras foram carícias amorosas. Nosso pão parecia mais abundante e sabia melhor porque Vós dividistes connosco; este pão que ele nem sequer dá aos seus cães. Voltai para compartilhá-lo com a gente, meu Senhor. Só porque sois Vós, eu ouso dizer isto. Seria um insulto oferecer qualquer outro abrigo e alimento que até mesmo um mendigo teria desdenhado. Mas Vós...'
'Mas eu encontro neles um perfume celestial e sabor porque neles há fé e amor. Eu virei, Jonas. Eu irei voltar. Ficai em vosso lugar, amarrado como um animal nos eixos. Que o seu lugar seja a escada de Jacó. E, de fato, anjos vêm e vão do céu para baixo convosco, juntando cuidadosamente todos os seus méritos e levando-os a Deus. Mas eu chegarei até vós. Para aliviar o seu espírito.

Sejam fiéis a Mim, todos vós. Oh! Eu gostaria de dar-lhe
também a paz humana. Mas Eu não posso. Devo dizer a
vós: vá em sofrimento. E isso é muito triste para quem
ama...'
'Senhor, se o Senhor nos ama, nós não mais sofreremos.
Antes não tínhamos ninguém para nos amar... Oh! Se eu
pudesse, pelo menos, ver Sua Mãe!'
'Não vos preocupeis. Irei trazê-La para vós. Quando
o clima ficar mais ameno, chegarei com Ela. Não se
arrisque a incorrer em punições cruéis por conta da
sua ansiedade para vê-La. Vós deveis esperar por Ela
como se esperasse o surgimento de uma estrela, da
estrela da noite. Ela vai aparecer para vós, de repente,
exatamente como a estrela da noite, que não está lá
num momento, e um momento depois, ela brilha no
céu. E vós tendes que considerar que, mesmo agora,
Ela está a esbanjar os Seus presentes de amor em vós.
Adeus, todos. Que a Minha paz vos proteja da aspereza
de quem vos atormenta. Adeus, Jonas. Não chore. Você
esperou durante tantos anos com uma fé paciente. Agora
eu prometo a si um período muito curto de espera. Não
choreis; Eu não vou deixá-lo sozinho. Sua bondade
enxugou minhas lágrimas quando eu era um bebê recém-
nascido. A Minha não é suficiente para limpar a sua?'
'Sim... mas está a ir embora... e eu tenho que ficar
aqui...'
'Jonas, meu amigo, não me faça ir embora deprimido
porque eu não posso confortar-te...'

'Eu não estou a chorar, meu Senhor... Mas como vou ser
capaz de viver sem te ver, agora que eu sei que Vós estais
vivo?'
Jesus acaricia o velho abandonado mais uma vez e,
em seguida, vai embora. Mas em pé, na beira da eira
miserável, Jesus estende os braços e abençoa o país.
Então, Ele parte.
'O que você fez, Mestre?' pergunta Simão que notou o

gesto incomum.

'Eu coloquei um selo em tudo. Que nenhum demónio possa danificar as coisas e, assim, causar problemas para as pessoas infelizes. Eu não podia fazer mais...'

'Mestre, vamos caminhar um pouco mais rápido. Eu gostaria de dizer uma coisa que eu não quero que os outros ouçam.' Eles afastam-se do grupo e Simão começa a falar: 'Eu queria dizer-Te que Lázaro tem instruções para usar o meu dinheiro para ajudar todos aqueles que se aplicam a ele em nome de Jesus. Não poderíamos libertar Jonas? Aquele homem está desgastado e sua única alegria é estar Convosco. Vamos dar-lhe isso. Qual é o seu valor de trabalho aqui? Se em vez disso ele fosse livre, ele seria Seu discípulo nesta planície desolada ainda bonita. As pessoas mais ricas de Israel possuem fazendas férteis aqui e exploram-nos com extorsão cruel, exigindo um lucro incrível dos seus trabalhadores. Eu soube isso, durante anos. Você não será capaz de parar aqui por muito tempo, porque a seita dos Fariseus governa o país e eu não acho que isso vá ser alguma vez amigável para Vós. Estes trabalhadores oprimidos e sem esperança são as pessoas mais infelizes em Israel. Vós ouvistes, nem mesmo na Páscoa eles têm paz, nem eles podem orar, enquanto seus senhores graves, com gestos solenes e exposições afetadas, ocupam posições de destaque na frente de todas as pessoas. Pelo menos eles terão a alegria de saber que Vós existes e de ouvir Vossas palavras repetidas a eles por alguém que não vai alterar uma única letra. Se você concorda Mestre, por favor, diga, e Lázaro vai fazer o que é necessário.'

'Simão, eu sei porque deitastes todos os teus bens fora. Os pensamentos dos homens são conhecidos por Mim. E eu amei-te, também por causa disso. Ao fazer Jonas feliz, vós fazeis Jesus feliz. Oh! Como atormenta-me ver pessoas boas sofrerem! Minha situação de um homem pobre desprezado pelo mundo aflige-Me só por causa disso. Se Judas ouvisse-me, ele diria: "Mas vós

não sois a Palavra de Deus? Dê a ordem e estas pedras
tornar-se-ão ouro e pão para os pobres." Ele repetiria
a armadilha de Satanás. Estou ansioso para satisfazer
a fome das pessoas. Mas não da forma que gostaria
Judas. Vós ainda não estais suficientemente maduro
para compreender a profundidade do que eu quero dizer.
Mas Eu vou dizer: se Deus visse tudo, ele roubaria os
Seus amigos. Ele iria privá-los da possibilidade de serem
misericordiosos e cumprir o mandamento do amor. Meus
amigos devem possuir esta marca de Deus em comum
com ele: a misericórdia santa que consiste em atos e
palavras. E a infelicidade de outras pessoas dá Meus
amigos a oportunidade de praticá-la.
Vós já entendestes o que eu quero dizer?'
'O Seu pensamento é profundo. Vou ponderar as Suas
palavras. E eu fico humilde e vejo quanto estreito de
mente eu sou e quão grande Deus é, que quer que
sejamos dotados com todos os seus atributos para que
Ele nos chame Seus filhos. Deus se revela a mim nas
suas perfeições múltiplas por todo o raio de luz com o
qual você ilumina o meu coração. Dia a dia, como um
avanço num lugar desconhecido, o conhecimento da
imensa coisa que é a Perfeição que Nos quer chamar de
Seus "filhos" avança em mim e eu parecia a subir como
uma águia ou a mergulhar como um peixe em duas
profundezas infinitas como o céu e o mar, e eu subiria
mais e mais e mergulharia cada vez mais fundo, mas eu
nunca tocaria no final. Mas o que é, por conseguinte,
Deus?'
'Deus é a Perfeição inatingível, Deus é a Beleza
perfeita, Deus é o Poder infinito, Deus é a Essência
incompreensível, Deus é a Recompensa insuperável,
Deus é a Misericórdia indestrutível, Deus é a Sabedoria
imensurável, Deus é o Amor que se tornou Deus. Ele
é o Amor! Ele é o Amor! Você diz que quanto mais você
conhecer Deus na Sua perfeição, mais parece subir
e mais profundo mergulha em duas profundidades

infinitas de azul... Mas quando entender o que é o amor que se tornou Deus, não vai mais subir ou mergulhar no azul, mas num vórtice em chamas, e será atraído para uma bem-aventurança que vai ser a vida e a morte para si. Você vai possuir Deus, com uma posse perfeita, quando, por sua vontade, tiver sucesso na Sua compreensão e merecendo-Lo. Em seguida, será corrigido na Sua perfeição.'

'Ó Senhor...' exala Simão, soterrado.

Eles caminham em silêncio até chegarem à estrada onde Jesus pára para esperar pelos outros.

Quando eles se reagrupam novamente, Levi ajoelha: 'Eu deveria estar de saída, Mestre. Mas o Vosso servo pede-Lhe um favor. Leve-me para Sua Mãe. Este homem é um órfão como eu. Não me negue o que Vós dais a ele, para que eu possa ver o rosto de uma mãe...'

'Vinde. O que se pede, em nome de Minha Mãe, eu concedo em nome de Minha Mãe. "

O sol, embora prestes a pôr-se, brilha para baixo até à cúpula verde-cinza das grossas oliveiras carregadas de pequenos frutos bem formados, mas só penetra no emaranhado de ramos de forma suficiente para fornecer alguns minúsculos orifícios de luz, enquanto que na estrada principal, por outro lado, encaixada entre dois bancos, é uma fita deslumbrante de chamas empoeiradas.

Sozinho e caminhando rápido entre as oliveiras, Jesus sorri para Si mesmo... Ele sorri ainda mais feliz quando chega a um precipício... Nazaré... com o seu panorama cintilando no calor do sol escaldante... e Jesus começa a descer e acelera o Seu passo.

Agora, na estrada deserta em silêncio, Ele protege a cabeça com o Seu manto e não mais se importa com o sol, andando tão rápido que o manto sopra ao seu lado e por detrás Dele, de uma forma em que Ele parece estar a voar.

De vez em quando, a voz de uma criança ou de uma
mulher de dentro de uma casa ou uma horta atinge
Jesus onde Ele vai andando, por entre os pontos
obscuros fornecidos por árvores de jardim cujas
ramificações se estendem até a estrada. Ele transforma-
se numa estrada meio sombreada, onde há mulheres
que se reuniram em torno de um bem geral e todas elas
saúdam-No, recebem-No em vozes estridentes.
'Paz para todos vós... Mas por favor fiquem em silêncio.
Eu quero fazer à minha Mãe uma surpresa.'
'Sua cunhada apenas foi embora com um jarro de água
fria. Mas ela está a voltar. Eles são deixados sem água.
A primavera é seca ou a água é absorvida pela terra seca
antes de chegar ao seu jardim. Nós não sabemos. Isso
é o que Maria de Alfeu estava a dizer. Lá está ela... ela
chega.'
Não tendo visto Jesus, no entanto, a mãe de Judas e
Tiago, com uma ânfora na cabeça e outra na mão, está
a gritar; 'Eu serei mais rápido desta forma. Maria está
muito triste, porque as suas flores estão a morrer de
sede. Elas são as únicas plantadas por José e Jesus e
parte-Lhe o coração vê-las a murchar.
'Mas agora que Ela Me vê...', diz Jesus aparecendo por
trás do grupo de mulheres.
'Oh! Meu Jesus! Bendito Seja! Vou dizer...'
'Não. Eu vou. Dê-Me as ânforas.'
'A porta está meio fechada. Maria está no jardim. Oh!
Quão feliz Ela vai ser! Ela estava a falar de Vós também
esta manhã. Mas por que razão vir com este calor! Vocês
estão todos transpirados! Vós estais sozinha?'
'Não. Com os amigos. Mas eu vim antes para ver a Minha
Mãe pela primeiro. E Judas?'
'Ele está em Cafarnaum. Ele vai muitas vezes para lá.',
diz Maria. E ela sorri enquanto seca o rosto molhado de
Jesus com o seu véu.
Os jarros estão agora prontos, e Jesus toma dois,
amarrando um em cada extremidade do cinto que Ele

coloca no Seu ombro e, em seguida, leva um terceiro
na mão. Então, Ele afasta-se, vira uma esquina, chega
a casa, abre a porta, entra na pequena sala que parece
escura em comparação com a luz do Sol brilhante lá fora.
Lentamente, Ele levanta a cortina para a porta do jardim
e Ele observa.
Maria está de pé perto de uma roseira, de costas para a
casa, com pena da planta seca. Jesus coloca o jarro no
chão e o cobre tilinta contra uma pedra. 'Vós estais aqui
já, Maria?', diz a Sua Mãe sem se virar.
'Vinde, vinde, olhai essa rosa! E esses pobres lírios.
Todos eles irão morrer se não os ajudar. Traga também
alguns pequenos bastões para segurar este caule caído.'
'Trazer-Lhe-Ei tudo, Mãe.'

Maria dispara à sua volta e, por um momento, Ela
permanece com os Seus olhos bem abertos, e em
seguida, com um grito, Ela corre com os braços
estendidos para o seu Filho, que já abriu os braços e está
à Sua espera com o sorriso mais amoroso.
'Oh! Meu Filho!'
'Mãe! Querida!'
O abraço é longo e amoroso e Maria está tão feliz que
Ela não sente o quão quente é Jesus. Mas depois ela
apercebe-Se disso: 'Por que, Filho, chegais a esta hora
do dia? Vós estais roxo avermelhado e suando como
uma esponja encharcada. Vinde para dentro. Que eu
possa secar e refrescar-Vos. Irei trazer-Vos uma túnica
fresca e sandálias limpas. Meu Filho! Meu Filho! Porquê
prosseguir com este calor! As plantas estão a morrer por
causa do calor e Vós, Minha Flor, continua caminhando.'
'Era para vir o mais brevemente possível, Mãe.'
'Oh! Meu querido! Vós estais com sede? Deveis estar. Irei
agora preparar...'
'Sim, estou com sede dos Seus beijos, Mãe. E pelos Seus
carinhos. Deixe-Me ficar assim, com a minha cabeça no
Seu ombro, como quando Eu era uma pequena criança...

Oh! Mãe! Como eu sinto falta de Si!'
'Dizei-Me para vir, Filho, e irei. O que te falta por causa
da Minha ausência? O alimento que Gostais? Roupas
limpas? Uma cama bem feita? Oh! Minha Alegria, diga-
Me o que Vos faltou. Teu servo, Meu Senhor, fará o
possível para fornecer.
'Nada mais, do que Vós...'
De mãos dadas, Mãe e Filho vão para a casa. Jesus
senta-Se no peito, perto do muro, abraça Maria, que está
na frente Dele, descansando a cabeça no Seu coração
e beijando-A de vez em quando. Agora, Ele olha para
Ela: 'Deixe-Me olhar para Vós e para o conteúdo do Meu
coração, santa Mãe Minha.'
'Vossa túnica primeiro. Não é bom para Vós ficardes
tão húmido. Vinde.' Jesus obedece. Quando Ele voltar
vestindo uma túnica fresca, Eles retomam a sua doce
conversa.
'Eu vim com os meus discípulos e amigos, mas deixei-os
na madeira de Milca. Eles virão amanhã de madrugada.
Eu... eu não podia esperar mais. Minha Mãe!...' E ele
beija-Lhe as mãos. 'Maria de Alfeu foi embora para Nos
deixar em paz. Ela também entendeu quão ansiosa Eu
estava para estar Convosco. Amanhã... amanhã Vós
assistireis aos meus amigos e a Mim para os Nazarenos.
Mas esta noite, vós sois meu amigo e Eu sou Vosso.
Trouxe-Vos... Oh! Mãe: Eu encontrei os pastores de
Belém. E Eu Vos trouxe dois deles: eles são órfãos e Tu
és a Mãe de todos os homens. E mais ainda de órfãos. E
eu também vos trouxe aquele que precisa de Vós para se
controlar. E outro que é um homem justo e sofreu tanto.
E então João... E eu trouxe lembranças de Elias, Isaque,
Tobias, agora chamado de Mateus, João e Simeão. Jonas
é o mais infeliz de todos eles. Vou levar-Vos a ele... Assim
prometi. Vou continuar a olhar pelos outros. Samuel e
José estão descansando na paz de Deus.'
'Fostes a Belém?'
'Sim, Mãe. Eu levei lá os discípulos que estavam Comigo.

E eu trouxe-Vos estas flores pequenas, que foram
crescendo perto das pedras do limiar.'
'Oh!' Maria toma os caules e beija-os. 'E o que dizer de
Ana?'
'Ela morreu no massacre de Herodes.'
'Oh! Pobre mulher! Ela gostava tanto de Vós!'
'Os de Belém sofreram muito. Mas eles não têm sido
justos com os pastores. Mas eles sofreram muito...'
'Mas eles foram bons para Vós, então!'
'Sim. E é por isso que eles são dignos de pena. Satanás
está com ciúmes da sua bondade passada e exorta-os a
coisas más. Eu também estava em Hebron. Os pastores,
perseguidos...'
'Oh! Em que medida?'
'Sim, eles foram ajudados por Zacarias, que lhes deu
postos de trabalho e alimento, mesmo que os seus
mestres fossem pessoas difíceis. Mas eles são apenas
almas e eles viraram as perseguições e feridas em méritos
de verdadeira santidade. Reuni-los juntos. Eu curei
Isaque... e eu dei o Meu nome para um menino... No
Jutá, onde Isaque foi definhando e de onde ele veio de
volta à vida, agora existe um grupo inocente, chamado
Maria, José e Jesai...'
'Oh! Vosso nome!'
'E o Vosso e o nome do Justo. E em Queriote, a pátria de
um discípulo, um Israelita fiel morreu descansando no
meu coração. Fora de alegria, tendo encontrado-Me... E
depois ... Ah! quantas coisas eu tenho que dizer a Vós,
minha amiga perfeita, doce Mãe! Mas antes de tudo,
suplico-Vos, peço-Lhe para ter tanta misericórdia sobre
aqueles que virão amanhã. Ouça: eles adoram-Me...
mas eles não são perfeitos. Vós, mestre de virtude... oh!
Mãe, ajuda-Me a fazer-lhes bem... Eu gostaria de salvar
todos...' Jesus cai aos pés de Maria. Ela agora aparece na
Sua majestade maternal.
'Meu filho! O que quer que sua pobre mãe faça melhor do
que Vós fazeis?'

'Para os santificar... Sua virtude santifica. Eu trouxe-
os aqui, deliberadamente, Mã ... um dia Eu vou dizer a
Vós: "Vinde", porque, então, será urgente santificar as
almas, para que eu possa encontrá-los dispostos a ser
resgatados. E eu não vou ser capaz por mim mesmo...
Seu silêncio será tão eloquente quanto as Minhas
palavras. Sua pureza ajudará Meu poder. Sua presença
vai manter Satanás longe... e Seu Filho, Mãe, vai-Se
sentir mais forte sabendo que está perto Dele. Vireis, não
vireis, Minha doce mãe?'
'Jesus! Querido filho! Tenho a sensação de que não
Estais feliz... Qual é o problema, Criatura do meu
coração? O mundo foi hostil para Vós? Não? É um
alívio acreditar nisso... mas... Oh! Sim. Eu irei. Onde
quiserdes, como e quando quiserdes. Mesmo agora, neste
sol escaldante, ou à noite, no frio ou molhado. Precisais
de mim? Aqui estou.'
'Não. Não agora. Mas um dia... Como doce é a Nossa
casa. E Vossos carinhos! Deixai-Me dormir, assim, com
a cabeça sobre os Seus joelhos. Estou tão cansado!
Eu ainda Sou seu filho pequeno...' E Jesus realmente
adormece, cansado e exausto, sentado no tapete, com
a cabeça no colo de Sua Mãe, que alegremente acaricia
Seus cabelos.

www.ingramcontent.com/pod-product-compliance
Lightning Source LLC
Chambersburg PA
CBHW060031050426
42448CB00012B/2959